何菲鹏 编著

有了好能力，就可闯天下；有了好形象，就可耀天下；有了好口才，就可行天下；
有了好人际，就可以创造出亮丽的人生。

好人缘

好人气

好人脉

中国華僑出版社

图书在版编目(CIP)数据

好人缘·好人气·好人脉 / 何菲鹏编著.—北京:中国华侨出版社,2010.11

ISBN 978-7-5113-0874-0

Ⅰ.①好… Ⅱ.①何… Ⅲ.①人间交往-通俗读物 Ⅳ.①C912.1-49

中国版本图书馆 CIP 数据核字(2010)第 218931 号

好人缘·好人气·好人脉

编　　著 / 何菲鹏
责任编辑 / 尹　影
责任校对 / 吕　宏
经　　销 / 新华书店
开　　本 / 787×1092 毫米　1/16 开　印张/17　字数/315 千字
印　　刷 / 北京建泰印刷有限公司
版　　次 / 2011 年 1 月第 1 版　2011 年 1 月第 1 次印刷
书　　号 / ISBN 978-7-5113-0874-0
定　　价 / 29.80 元

中国华侨出版社　北京市朝阳区静安里 26 号　邮编:100028
法律顾问:陈鹰律师事务所
编辑部:(010)64443056　　64443979
发行部:(010)64443051　　传真:(010)64439708
网址:www.oveaschin.com
E-mail:oveaschin@sina.com

前 言

年轻的时候，似乎做什么样的人都好，叛逆的、乖巧的、张扬的、忧郁的，即使一失足，也不会就直接奔着“千古恨”的终极目标而去，只要岁数还小，有的是机会“金不换”。问题是，青春总是短暂的，流水无情，等到韶华渐去，这个时候就要考虑“做人”的问题了，其实，这个问题并不难解决，只要你拥有好人缘、好人气、好人脉，那么，你做人就成功了。

人缘。很多人都希望自己拥有绝佳的人缘，不过不少人对人缘的理解却有些肤浅，他们把人缘看作是你来我往、“初一对十五”，误认为只要做到了“你有初一我有十五”就会有人缘，其实不然。人缘是一种建立在真诚、用心、诚信、宽容、理解、支持等基石之上的，高度升华到精神层面而又作用巨大的心灵响应能力。一个人人缘好，周围人对他的心灵响应就强，反之则弱。所以，你在现实生活中会感觉到那些拥有好人缘的人，周围人都会不吝给他“面子”。

人气。对人气的理解，可能相对容易。人气是一个人的“牌子”，反映的是周围人对他的认可，这种认可很大程度会影响此人事业的景气程度。因此，当今人人都在追求“高人气”。而怎样营造人气，则是人道，即为人之道的重要问题，善为人者，人气的高低，始终与是否精通和把握为人之道的要义密切相关。所以只有把握好了为人之道，人气才能兴旺，事业才会更加景气。

人脉。对“脉”的阐释，可见于山脉、水脉、矿脉，等等。而人脉则是指人际交往的脉络。对山脉、水脉、矿脉的精心选择，可以使这些资源得到有效充分地利用，而人脉的构建和优化也具有同样的意义。建立好的人脉，就意味着可以获得更好的人缘、更高的人气。有成功者言："30 岁以前靠专业赚钱，30 岁以后靠人脉赚钱。"这是有道理的。所以，请好好珍惜已经建立起来的人脉关系，因为这几年你认识的朋友可能会是你将来最宝贵的财富。

本书针对以上内容，阐述了好人缘、好人气、好人脉的秘诀，内容翔实、完备，是一本关于如何赢得好人缘、好人气、好人脉的好书，希望能给读者带来一些有益启示。

目录

第一篇　如何赢得好人缘

很多人都希望自己拥有绝佳的人缘，不过不少人对人缘的理解却有些肤浅，他们把人缘看作是你来我往，“初一对十五”，误认为只要做到了“你有初一我有十五”就会有好人缘，其实不然。人缘是一种建立在真诚、用心、诚信、宽容、理解、支持等基石之上的，高度升华到精神层面而又作用巨大的心灵响应能力。一个人人缘好，周围人对他的心灵响应就强，反之则弱。所以，你在现实生活中会感觉到那些拥有好人缘的人，周围人都会不吝给他“面子”。

第一章　让陌生人一见如故的八个秘诀

第二章　让朋友与你心贴心的六个秘诀

第三章　让同事接近你的七个秘诀

第四章　让上司赏识你的八个秘诀

第五章　让下属心甘情愿跟随你的十个秘诀

第六章 让客户信任你的六个秘诀

◇第二篇 如何赢得好人气◇

对人气的理解，可能相对容易。简言之，人气的高低，就是一个人对周围人的吸引力，和周围人对他口碑的赞誉度。人气是一个人的“牌子”，反映的是周围人对他的认可，这种认可很大程度会影响此人事业的景气程度。因此，当今社会人人都在追求“高人气”。而怎样营造人气，则是人道，即为人之道的重要问题，善为人者，人气的高低，始终与是否精通和把握为人之道的要义密切相关。所以只有把握好了为人之道，人气才能兴旺，事业才会更加景气。

第七章 高调做事提升人气的八个秘诀

第八章　低调做人提升人气的七个秘诀

第九章　增强自信心提升人气的五个秘诀

第十章　增加人格魅力提升人气的四个秘诀

第十一章　责任感提升人气的四个秘诀

第十二章　信誉提升人气的五个秘诀

第十三章　积极的心态提升人气的五个秘诀

第十四章　激励法提升人气的三个秘诀

第十五章　口才提升人气的五个秘诀

◇第三篇 如何赢得好人脉◇

对“脉”的阐释，可见于山脉、水脉、矿脉，等等。而人脉则是指人际交往的脉络。对山脉、水脉、矿脉的精心选择，可以使这些资源得到有效充分的利用，而人脉的构建和优化也具有同样的意义。建立好的人脉，就意味着可以获得更好的人缘、更高的人气。有成功者言：“30岁以前靠专业赚钱，30岁以后靠人脉赚钱。”这是有道理的。所以，请好好珍惜已经建立起来的人脉关系，因为这几年你认识的朋友可能会是你将来最宝贵的财富。

第十六章 规划人脉的五个秘诀

第十七章 做好人脉经营者的五个秘诀

第十八章　编织人脉网的五个秘诀

第十九章　储蓄人脉的五个秘诀

第一篇

如何赢得好人缘

很多人都希望自己拥有绝佳的人缘，不过不少人对人缘的理解却有些肤浅，他们把人缘看作是你来我往，“初一对十五”，误认为只要做到了“你有初一我有十五”就会有好人缘，其实不然。人缘是一种建立在真诚、用心、诚信、宽容、理解、支持等基石之上的，高度升华到精神层面而又作用巨大的心灵响应能力。一个人人缘好，周围人对他的心灵响应就强，反之则弱。所以，你在现实生活中会感觉到那些拥有好人缘的人，周围人都会不吝给他“面子”。

第一章

让陌生人一见如故的八个秘诀

秘诀一 打造个人品牌，树立良好形象

好人缘秘诀：第一印象的展示，归根结底，是一个人平时修养的体现。只有平时注重修炼自我，打造个人品牌，才能在陌生人面前展示完美自我。

关键词：个人品牌

虽说内在比外表重要，但是人就是会被外表所吸引，因为外表和内在并非全无关系。是以外表来判断，还是以内在来取决，姑且不论其是非，通常人都是从两方面来做判断的。

但是，精巧地装扮外表，在他人面前，比起内在更可以凸显自己，他人对你的评价也会提高。因此，要想让陌生人喜欢你，外表修饰妥当是比较有利的。话虽这么说，现实生活中也不是只有与生俱来的俊男美女可以有吸引人的魅力。女性可以靠化妆来装饰，男性也可以靠穿着打扮来加分。温和的表情、稳重的举止、整洁的服装，这些也都是装饰外表的方法，遵循这些方法也可以说是让陌生人喜欢你的基本元素。

一个著名的推销员清楚地记得自己第一次拜访客户时的情景：有些胆怯，穿着有些褶皱的西服，匆匆走进了客户的办公室。看到办公室里有很多人，也不知道该找谁推荐自己的产品。看到没人理自己，他便鼓起勇气，站在

门口大声地自我介绍起来：我叫××，是××公司的业务员……可想而知，最后的结果会怎么样。

这次业务之所以失败，就是因为推销员没有注意自己的第一印象。

第一印象是指在与陌生人初次交往时给对方留下的印象，这种印象会在进一步的交往中给对方对自己的认识评价产生很大的影响，容易产生“先入为主”的认知偏差。也就是说，人际交往中初次接触的前期，人们会对交往对象做出许多方面的判断，这些判断的综合，就形成对该人的印象。

心理学家强调指出，在形成印象中最重要、最强有力的一个方面，就是对该人进行“评估”，即：自己喜不喜欢这个人，喜欢的程度有多深？也就是说，在人们对交往对象产生第一印象时，会做出某种情绪性的评价，这种评价在进一步的交往中会使人们对交往对象的各种判断受到影响。如果我们给对方留下了良好或不好的第一印象，那么这种印象就会继续延伸到今后的交往中。这就要求我们在和人进行初次交往时一定要重视留给对方的第一印象。

有研究发现，对第一印象的形成比较重要的特质有：仪容仪表、举止礼节、风度修养等，因此我们必须重视这几方面内容。

我们先说仪表。一个人给人的第一印象很大程度上都是视觉的，而这种视觉中仪表占了很大一部分。你没有必要每一次见客户都是西装革履，但是你的衣服一定要干净、整洁，不要有褶皱。如果必须穿西装的话，一定记着打领带，要把领带打正，不要歪歪扭扭。要注意把脸洗干净，把胡子刮干净，把头发理顺等基本的外在形象。也可以让自己有些特色，打上发腊，让自己看上去很精神，切记不能摆出一副整天委靡不振的样子。一个人的外表形象决定着对方对你的好感程度。

再看一下礼节。对于很多客户来说，中规中矩地打招呼、谈公事，并不能获得他们的认可，就是说有些生分了，因此有时候叫老板倒不如叫一声大哥来的更加亲切。礼节也不仅仅是你的言谈举止，也包括你对他们的关注。比如，在客户家小孩过生日时能够给他们一个惊喜，不是要求你送多大的礼，而是说你要重视他。

风度也很重要。风度是一个人的性格和气质的反映，有的人性格开朗、气质聪慧，风度则往往潇洒大方；有的人性格豪爽、气质粗犷，风度则往往豪放雄壮；有的人性格沉静、气质高洁，风度则温文尔雅；有的人性格温柔、气质恬静，风度则秀丽端庄。风度是性格和气质的外在表现，属于一个人的外部形态，是由一个人的言谈举止所构成的。与心灵相对而言，风度是人的一种形态，也是感受形式美的眼睛所最先接触的。因此，从风度的好坏，不仅可以看到一个人的文明程度，而且也可以部分地看到一个人的美丑。

比较为难的是，风度不是一个人装腔作势就能够做出来的，而是在长期的社会实践中所形成的好的性格、气质的自然流露。因此要想拥有魅力的风度，关键在于个人在实践中的培养和锻炼。古人早就说过："诚于中而形于外。"心里诚实，才会有诚实的样子。心不诚实迟早会被人看破，更何况风度这种人的外在美是没法装得像的。当然，人的风度是多样的，不能强求一律，这也是因人的性格、气质的多样性所决定的。但是，无论性格、气质的多样性也好，还是风度的多样性也好，都应当体现出自己美的本质，让别人对你一见倾心。

可以看出，第一印象的展示，虽然可以反映出自己的个性品质，但归根结底，它是一个人平时长期培养的结果。没有平时良好的修养，即使主观上想给人留下一个好印象，也往往是东施效颦，装模作样，反而令人生厌。

秘诀二 用微笑拉近彼此的距离

好人缘秘诀：美好的笑容，有时候会胜过一百句的赞美。见到了人就微微一笑，这正是拉拢陌生人的武器。

关键词：学会微笑

面对第一次见面的人也好、见过几次面的人也好、熟人朋友也好，见面的瞬间就露出满面的笑容。这样的笑容蕴藏着“见到你真好的信息”。

笑容可以迅速拉近你和陌生人之间的距离，因为被笑脸对待的人会有“这个人对我有好感”的想法，微笑也是接受对方的一个信号。

古人云：“笑开福来。”微笑因幸福而发，幸福伴喜悦而生，即“情动于中而形于外”。在和陌生人见面时，只要时时摆脱自我情绪的困扰，你就能保持轻松愉快的心境，你的面孔也会因此而涌起幸福的微笑，并感染他人，而且他人的微笑又反过来强化你的愉悦和微笑，形成你与他人之间人际关系的良性循环。这无疑会极大地促进你优美的个性和创造力的发展，为你把事情办好而铺下一块块“基石”。

在一个适当的时候、恰当的场合，一个简单的微笑可以创造奇迹。一个简单的微笑可以使陷入僵局的事情豁然开朗。

几年前，底特律的哥堡大厅举行了一次巨大的汽艇展览。在这次展销会展览中，人们蜂拥而来，在展览会上人们可以选购各种船只，从小帆船到豪华的巡洋舰都可以买到。

在汽艇展览期间，有一宗巨大的生意差点跑掉了，但第二家汽艇厂用微笑又把顾客拉了回来。

在这次展览中，一位来自中东某一产油国的富翁，站在一艘展览的大船面前，对站在他面前的推销员说："我想买条价值2000万美元的汽船。"我们都可以想象，这对推销员来说是求之不得的好事。可是，那位推销员只是直直地看着这位顾客，以为他是疯子，没加理睬，他认为这个人是在浪费他的宝贵时间，所以，脸上冷冰冰的，没有笑容。

这位富翁看看这位推销员，看着他那没有笑容的脸，然后走开了。

他继续参观，到了下一艘陈列的船只前，这次他受到了一个年轻推销员的热情招待。这位推销员脸上挂满了欢迎的微笑，那微笑就跟太阳一样灿烂。由于这位推销员的脸上有了最可贵的微笑，使这位富翁有宾至如归的感觉，所以，他又一次说："我想买条价值2000万美元的汽船。"

"没问题！"这位推销员说，他的脸上挂着微笑，"我会为您介绍我们的系列汽船。"他只这样简单地附和说，便推销了他自己。而且，他在推销任何东西以前，先把世界上最伟大的东西推销出去了。

所以，这位富翁留了下来，签了一张500万美元的支票作为定金，并且他又对这位推销员说："我喜欢人们表现出一种他们非常喜欢我的样子，你现在已经用微笑向我推销了你自己。在这次展览会上，你是唯一让我感到我是受欢迎的人。明天我会带一张2000万美元的保付支票回来。"这位富翁很讲信用，第二天他果真带了一张保付支票回来，购下了价值2000万美元的汽船。

在美好的笑容已不常见的现代，满脸的笑容已经成为吸引人的一项强大利器。但是，可不能将"笑容"与"笑"混为一谈。近年来不会好好地微笑而只会傻笑的人是越来越多了。

笑容与傻笑是不一样的。像是"贵公司生意兴隆，真是好极了。哈哈哈！"如此没什么意义的傻笑，只会让对方不愉快而已。甚至还有可能会招来对方的反讽："没什么好笑的，竟然笑成那副德性。"

美好的笑容，有时候会胜过一百句的赞美。见到了人就微微一笑，这正是拉拢陌生人的武器。除了经常将这件事情放在心里，还可以每天对着镜子练习微笑。

你在生活中善于微笑吗？如果回答是否定的，为了改善你的人脉关系，为了强化你的财脉，从现在开始，学会对别人微笑吧！

秘诀三 善于倾听，多用耳朵少用嘴

好人缘秘诀：上天赐给人两只耳朵两只眼睛，却只有一张嘴，就等于是要人多听、多看、少说。这形象而深刻地说明了倾听的重要性。

关键词：善于倾听

华人成功学权威陈安之曾经说过这样一个故事。说他辅导一名女推销员，这名女推销员非常努力，勤于拜访客户，可就是业绩平平。清早满袋满袋地提着产品去推销，晚上回来仍然是满袋满袋的。陈安之觉得纳闷，她的形象气质、推销技巧、产品品质都不错啊，可为什么就是卖不出去产品呢？

于是，有一天，陈安之随这位女推销员去推销，想看看到底是什么原因。回来后，陈安之终于找到了问题的症结——这位女推销员总爱在客户面前喋喋不休，不给对方说话的机会，更不用说善于倾听了。于是陈安之给她的建议只有两个字：闭嘴。

上天赐给人两只耳朵两只眼睛，却只有一张嘴，就等于是要人多听、多看、少说。寥寥数语，形象而深刻地说明了倾听的重要性。和人们的交往需要双方的沟通、交流、讨论，善不善于倾听，关系着能否了解对方的感觉和思路、能否赢得对方的好感，以及能否与对方建立良好的生意关系。

当然，倾听不只是听到就行了，它还要讲究很多的技巧。比如让对方知道你在注意地听他说话就很重要。下面的一些方法就可以增进你的倾听技巧：

1. 消除外在与内在的干扰

外在和内在的干扰，是妨碍倾听的主要因素。因此，要改进聆听技巧的首要方法就是尽可能地消除干扰。你必须把注意力完全放在对方的身上，才能掌握对方的肢体语言，明白对方说了什么、没说什么，以及对方的话所代表的感觉与意义。

2. 鼓励对方先开口

首先，倾听别人说话本来就是一种礼貌，愿意听表示我们愿意客观地考虑别人的看法，这会让说话的人觉得我们很尊重他的意见，有助于我们建立融洽的关系，彼此接纳。

其次，鼓励对方先开口可以降低谈话中的竞争意味。我们的倾听可以培养开放的气氛，有助于彼此交换意见。说话的人由于不必担心竞争的压力，也可以专心掌握重点，不必忙着为自己的矛盾之处寻找遁词。

第三，如果对方先提出他的看法，你就有机会在表达自己的意见之前，掌握双方意见的一致之处。倾听可使对方更加愿意接纳你的意见，让你在说话的时候，更容易说服对方。

3. 非必要时，避免打断他人的谈话

善于听别人说话的人不会因为自己想强调一些细枝末节、想修正对方话中一些无关紧要的部分、想突然转变话题，或者想说完一句刚刚没说完的话，就随便打断对方的话。经常打断别人说话就表示我们不善于听人说话，个性激进、礼貌不周，很难和人沟通。

4. 听取关键词

所谓的关键词，指的是描绘具体事实的字眼，这些字眼透露出某些信息，同时也显示出对方的兴趣和情绪。透过关键词，可以看出对方喜欢的话题，以及说话者对人的信任。

另外，找出对方话语中的关键词，也可以帮助我们决定该如何响应对方的说法。我们只要在自己提出来的问题或感想中，加入对方所说过的关键内容，对方就可以感觉到你对他所说的话很感兴趣或者很关心。

5. 反应式倾听

反应式倾听指的是重述刚刚所听到的话，这是一种很重要的沟通技巧。我们的反应可以让对方知道我们一直在听他说话，而且也听懂了他所说的话。不过，反应式倾听不是像鹦鹉一样，对方说什么你就说什么，而是应该用自己的话，简要地述说对方的重点。反应式倾听的好处，主要是让对方觉得自己很重要，能够掌握对方的重点，让对话不至于中断。

6. 弄清楚各种暗示

很多人都不敢直接说出自己真正的想法或感觉，他们往往会运用一些叙述或疑问，百般暗示自己内心的看法和感受。但是这种暗示性的说法有碍沟通，因为如果遇到不良的听众，他们话中的用意和内容就往往会被人所误解，最后就可能会导致双方失言或引发言语上的冲突。所以一旦遇到暗示性强烈的话，就应该鼓励说话的人再把话说得清楚一点。

7. 接受说话者的观点

如果我们无法接受说话者的观点，那么我们可能会错过很多机会，而且无法和对方建立融洽的关系。就算是说话的人对事物的看法和感受，甚至所得到的结论都与我们的不同，他们还是可以坚持自己的看法、结论和感受。尊重说话者的观点，可以让对方了解我们一直在听，而且我们也听懂了他们所说的话，虽然我们不一定同意他们的观点，但我们还是应尊重他们的想法。如果我们一直无法接受对方的观点，我们就很难彼此接纳对方，或共同建立融洽的关系。

秘诀四 注重礼仪，落落大方

好人缘秘诀：在与人交往的过程中，可以通过掌握一些简单、自然、平常和易学的礼仪，来使自己成为一个受人喜爱的人。

关键词：注重礼仪

在与人交往的过程中，你可以通过掌握一些简单、自然、平常和易学的礼仪，来使自己成为一个受人喜爱的人。

1. 要做一个平易近人的人，和别人打交道要轻松自如

也就是说，在别人和你打交道的时候，不要让人有一种紧张感。据说有的人，你很难同他打交道，很难接近他。这往往是一个在交往中难以克服的障碍。一个平易近人的人很好相处，而且言谈举止都很自然。他会营造一种舒适、愉快、友好的氛围。和他在一起，不会感到尴尬难堪。一个表情僵硬、冷漠、毫无反应的人是难以融于一个集体之中的，而他往往是一个桀骜不驯的、不合群的怪物。你确实不知道该如何和他打交道，你也难以揣摩他的内心世界，不知道他会对你的言行做出怎样的反应。要和这样一个怪僻的人进行沟通，确实不是一件很容易的事情。

2. 善解人意，体贴别人

一个体贴别人的人，总是设身处地为别人着想，不让别人紧张、拘束，更不会让别人尴尬难堪。据说，莎士比亚就具有善解人意的神奇能力。在和人交往的过程中，他就像一条变色龙，能根据交往对象的不同特点，随着时间、地点的变化进行应变。因此，他的朋友很多。

3. 待人接物落落大方、不卑不亢

一般来说，具备这种素质的人必须具备宽阔的胸襟。因为，那些特别注重别人对自己态度的人，那些害怕别人嫉妒自己地位和职务的人，那些在生活中处于优势地位的人，是很少对别人态度冷淡的，而且，他们一般也不轻易对别人生气。

4. 要忠诚、正直和具有爱心

某个大学的心理学系对那些受人喜爱的和不受人喜爱的人的性格做了分析。他们对100位人的个性特征做了科学分析，最终指出：一个人要想赢得别人的喜爱，就必须具备46个引起人们好感的个性特征。也就是说，你要想为大众所接受，就必须具备许多的优秀品格。

5. 能够仔细分辨别人的意图、动机、心情、感受和思想

也就是说，一个社交能力强的人，必定是会盘算的人，他们会考虑自己行为的后果，会预测别人的行为，会计算自己的利益和损失。而所有这些盘算，都是在相关因素可能变动的情况下做出的。因此，只有认知能力较高、善于察言观色的人，才能在复杂多变的情况下，做出这些正确的判断来。这种人际交往的基本智慧几乎每个人都具备，关键是怎样使之不断增强，怎样把它们在生活中发挥出来。

秘诀五 保留一点神秘感，增加吸引人的魅力

好人缘秘诀：别人越是不了解你有多大的本事，就越想要了解你的实力；越是看不透你的所作所为，就越对你感兴趣，这就是人的本性。因此，你需要使自己保留一点神秘感，让对方觉得越是与你交往，越是觉得你高深莫测。

关键词：保留神秘

有这样一则寓言，说的是一个车夫为了使拉车的驴子跑得快些，就把一把鲜嫩的青草拴在前面，恰巧离驴的嘴巴有半尺远。驴子为了得到那把绿茵

茵的青草，便拼命往前跑，可无论怎样努力，那把青草怎么也到不了嘴里。

快速拉近与陌生人的距离，其关键就是要有吸引人的魅力。这种魅力有多方面的，其中，学会吊人的胃口就是最为有效的一招。下面我们来看看姜子牙是如何利用这一招的。

姜子牙，本名吕尚，是我国历史上较为著名的政治家和军事家。

姜子牙生活在商朝末年，当时纣王无道，荒淫无度，社会矛盾急剧激化。与此同时，商朝周围各诸侯国迅速崛起，特别是西伯侯姬昌（后为周文王）励精图志，大有取代殷商之势。

姜子牙生逢乱世，虽有经天纬地之才，无奈报国无门，潦倒半生。他曾在商王宫中做过多年小吏，虽然职低位卑，但却处处留心。他看到商纣王整天沉缅酒色，荒废国政，几次想冒死进谏。一则想救民于水火，二则可以因此受到商纣王的赏识，求得高官厚禄。然而姜子牙后来见到大臣比干等人皆因直谏而送了命，只好把话强咽回肚中，他料定商朝气数已尽，纣王已不可救药，自己不愿糊里糊涂地给无道的商纣王殉葬。于是，便决定另寻明主，改换门庭。

当时，姬昌立志复兴周国，除掉纣王，求贤若渴，正是用人之时。姜子牙为了引起姬昌的注意，一开始便能获得姬昌的器重，便采取“留白”的策略，在渭水之滨的兹泉垂钩钓鱼。那个地方风景秀丽，人迹罕至，是个隐居的好地方。当然，姜子牙并非是要在那里老死林下，而是在此静观世变，待机而行。

这一天，姜子牙听说姬昌要来附近行围打猎，便假装在兹泉垂钓。这时候，姜子牙还是个无名之辈，身为西伯侯的姬昌当然不会认得他，但姜子牙却见过姬昌。为了引起姬昌的注意，他故意把鱼钩提离水面3尺以上，而且钩上也不放鱼饵。这种荒诞的举动，果然让姬昌觉得奇怪，便走上前充满好奇地问道：“别人垂钓均以诱饵钩系水中，先生这般钓法，能使鱼上钩吗？”

姜子牙见姬昌对人态度谦和，对自己这个年迈的老者没有一点架子，果然是个非凡人物，便进一步试探道：“休道钩离奇，自有负命者。世人皆知纣王无道，可是西伯侯长子就甘愿上钩。纣王自以为智足以拒谏，言足以饰非，却放跑了有取而代之之心的西伯侯姬昌。"

姬昌闻听此言，大吃一惊。心想：这位老人身居深山，何能知天下大事？更为不解的是，他怎能把我姬昌的心迹看得如此透彻？肯定不是凡人！便赶紧躬身施礼，态度诚恳地说道："愿闻贤士大名？""在下并非贤士，乃老朽吕尚是也。"

"刚才偶听先生所言，真知灼见，字字珠玑，不瞒先生，在下就是你说到的姬昌。"姜子牙此时才装出一副吃惊的样子，诚惶诚恐地说：

"老朽不知，痴言妄语，请西伯侯恕罪。"

姬昌连忙诚恳地说道："先生何出此言！今纣王无道，天下纷纷，如先生不弃，请您随我出山，兴周灭商，拯救黎民百姓。"

姜子牙假意客套了一番，即随同姬昌一起乘车回宫，一路上纵论天下大势，口若悬河。姬昌与之相见恨晚，回宫之后，立即拜姜子牙为太师，视为心腹。从此以后，姜子牙官运亨通，飞黄腾达，并且为灭商兴周出了大力。

姜子牙看似荒诞的举动是大有深意的，因为他这样的举动能很快地吸引西伯侯姬昌的注意。有的人想要结识别人，总是不得其门而入，天下来来往往的人多了，为什么别人会一下子就能注意到你呢？就是因为你有与众不同的地方，只要你能够在这个不同的地方大做文章，就能够影响对方的态度，并以此吸引对方向自己靠近。

别人越是不了解你有多大的本事，就越想要了解你的实力；越是看不透你的所作所为，就越对你感兴趣，这就是人的本性。因此，你需要使自己保留一点神秘感，让对方觉得越是与你交往，越是觉得你高深莫测，这就可以有效地吸引对方。

秘诀六 用诚恳而友善的态度与人相处

好人缘秘诀:诚恳是一个人所有美德中的最佳闪亮点,具有诚恳的品质,自然就会向高尚的群体迈进一大步,自然就能赢得他人的友好和善意。

关键词:诚恳友善

富兰克林说:“我想在一切场合努力说真话,使自己的每一言行都做到诚实,而不使任何人对不可能实现的事情空抱怨恨。”他认为良好和谐的人脉应当由诚恳、诚实来造就,而不是依靠欺骗的手段。

说真话,首先要懂得用自己的诚恳赢得人心和人脉。每个人都渴望得到真诚,人际关系是相互的,只要你诚恳地对待别人,你就能赢得别人的诚恳对待,赢得人心和人脉。

林肯是美国历史上最得民心的一位总统,他没有什么背景,只是一名修鞋匠的儿子,只是一个说些奇怪话的穷律师,他的外表也不十分出色,但是他却用诚恳和真心打动了每一个人。

曾经有这样一个美国小女孩,她的名字叫葛丽丝。那时,林肯刚刚当选总统。这个勇敢的小女孩便给他写了一封信,信里写着:“……如果您留胡子,相信一定会变得很英俊。”意想不到的是,林肯非常认真地看了信,也诚恳地给她回信,他说:“我刚当上总统,我怕我突然留下胡子,人们会不认识我。”于是她又写了封信说:“总统先生,一位没有胡子的总统会让人感到害怕。”

后来,当林肯去华盛顿就职时,特别让火车在葛丽丝的村庄停下来。林肯站在火车的尾端,喊道:“葛丽丝,你在吗?请站出来,好吗?”葛丽丝满脸通红地走了出来。“嗨!葛丽丝,”林肯弯下腰,握住女孩的小手,“你看,我特别为你留了胡子,是不是比较英俊呢?”

这就是诚恳的力量。由于诚恳，就会让交往的双方站在平等的位置上，自然交往就能更融洽，更容易成为朋友。诚恳地坦白自己的负面或是私事，就容易找到感情的平衡点，让人感觉你对他的信赖，自然也会对你产生一种信赖感，这将有助于双方建立良久稳定的人脉。

富兰克林强调，诚恳是一个人所有美德中的最佳闪亮点，具有诚恳的品质，自然就会向高尚的群体迈进一大步，自然就能赢得他人的友好和善意。

与人交往，说话必须诚实，不夸大，也不轻视，更不能胡编乱造、无中生有，这是一个人建立人脉的基本准则。

或许说谎能获得暂时的利益，但是谎言一旦被识破，倒霉的还是说谎者自己。谎言会使人失去人格，使人失去信用，因此也会使人失去朋友，甚至连亲人也会对其抱有防范之心。一个人一旦习惯在人前说谎，那人际关系也就渐渐远离了他。

毛泽东主席说过："老实人、敢讲真话的人，归根到底，于人民事业有利，于自己也不吃亏。"说真话可以帮助自己跨越人生旅途上的坎坷，获得他人的真心和帮助，赢得成功。说真话能赢得他人的信任，一旦有了信任，就容易获得支持和帮助，就容易建立起良好的人脉。

秘诀七　对对方所重视的事情表示赞同

好人缘秘诀：不管是工作上来往的人、认识的人或者朋友、陌生人，对他所重视的事情表示赞同，很容易就能获得对方的好感。

关键词：共同兴趣

不管是工作上来往的人、认识的人或者朋友、陌生人，对他所重视的事情表示赞同，很容易就能获得对方的好感。

话题是双方谈话的契机，只有双方都对这个话题感兴趣，才可能你一言我一语地不断对话，如果对方对提出的问题根本不感兴趣，那么就有可能缄口不语，在语言交往中发展人际关系就无从谈起。

美国前总统罗斯福以知识渊博而闻名，无论是牛仔或骑兵，政治家或外交官，他都能以最恰当的话题和对方谈话。他怎么做到这点呢？答案很简单，如果他要接待某个人，就会事先翻阅这个人的资料，研究对方最感兴趣的话题。卡耐基还曾讲过这么一个故事。耶鲁大学教授威廉·菲尔普斯，8岁时有一次到姨妈家度周末，这天晚上有位中年男客来访，跟姨妈寒暄完后，就和菲尔普斯聊起来，那时菲尔普斯非常热衷帆船，对方似乎对帆船也很喜爱，一直以它为话题，两人很快成了好朋友。客人走后，菲尔普斯对他大加赞赏："多么棒的人！他对帆船多么感兴趣！"姨妈却告诉他："那是一位纽约的律师，对帆船一点也不感兴趣。"

"那他为什么一直都在谈帆船呢？""因为他觉得你对帆船感兴趣，就谈一些会使你高兴的事。"菲尔普斯这才恍然大悟，直到成人后，他还时常想起那位律师。可见以对方感兴趣的事情为话题，常常有利于语言交往的进程，且使自己成为受欢迎的人。

伊斯特曼曾在洛克斯达城捐造"伊斯特曼"音乐学校和"凯伯恩"剧院，用来纪念他的母亲。纽约某座椅制造公司经理艾特森，想得到该剧院座椅的订单，于是他就和伊斯特曼约会见面。

一位工程师告诉艾特森说，伊斯特曼的工作极忙，每次访问占用的时间不能超过5分钟。艾特森也准备如此。

当他被引进总裁办公室时，看见伊斯特曼正埋首于桌上堆积的文件之中。听见有人来，他抬起头朝来者方向说道："早安！先生，有什么事情吗？"

经介绍后，艾特森说道："伊斯特曼先生，当我在外面等着见你的时候，我很羡慕你的办公室，假如我有这样的办公室，我一定很高兴地在这里面工作，你知道我是一个内在本分的商人，从来不曾见过这么漂亮的办公室！"

伊斯特曼答道："你使我想起一件几乎忘记了的事。这房子很漂亮是不是？当初才盖好的时候我极喜欢它，但是现在，有许多事忙得我甚至几个星期坐在这里也无暇看它一眼。"

艾特森走过去用手摸摸壁板，说道："这是英国橡木做的，不对吗？和意大利橡树稍有不同。"

伊斯特曼答道："对了，那是从英国运来的橡木，我的一个朋友懂得木料的好坏，他为我挑选的。"随后伊斯特曼领着艾特森参观了他自己当初帮助设计的房间配置、油漆颜色、雕刻工艺等等。

当他们在室内夸奖木工时，伊斯特曼走到窗前，非常亲切地表明要捐助洛加斯达大学及市立医院等机关一些钱，以尽心意。艾特森热诚地称许他这种慈善义举的古道热肠。

两个人接着谈了许多生活、工作、商业中的事，艾特森总是适时地表达着自己的赞叹。他们的谈话远不止5分钟。艾特森不仅得到了那笔桌椅订单，还与伊斯特曼成了好朋友。

日本语言学家多湖辉认为：和人谈话就如同打乒乓球一样，而话题的提出，就如同乒乓球赛的发球，可称之为"谈话的发球"。对方的文章写得漂亮，你如果说："听说你又发表了一篇文章，能不能谈谈经验？"这正如乒乓球赛中，你特别发了个使对方容易接的球，他当然乐于还击。一来一往，谈笑风生，双方的人际关系必然随着语言交往的顺利进行而迅速融洽。如果你明知对方对写文章不擅长，却说："今天我们俩来交流交流写作的体会吧。"这样对方必然沉默以对，或掉头而去，心里还会想，你这是故意和他为难。在这种情况下，双方的人际关系怎么能好呢？

同样地，对对方觉得无所谓的事也给予好评，或者对方所讨厌的事情还说个不停，就只能令对方不愉快而已。也就是说，想要走近别人时，能否了解对方所看重的事情是什么、对方希望你表示赞同的事情是什么，接触的方式也就截然不同。

此外，对对方的想法表示赞同，同时又压低自己的姿态，这也是抬高对方自尊心的一种方法。例如，你想要结交的人喜欢钓鱼，不妨就这么说："我也偶尔会去海钓，相当有趣。不过我总是技术不好。听说你是个钓鱼高手，钓鱼是不是有什么秘诀啊？"向对方传达相同的兴趣，吸引对方的注意，再虚心地向对方请教，这样便可以抬高对方的自尊心。

说到相同的步调，接续对方的谈话，也是可以让陌生人安心的有效方法之一。例如：

"今年夏天真热。"

"是啊，是很热。"

"好像没有哪个地方是比较凉爽的。"

"好像没有。"

"就连想要消除压力的时间也没有，一想到这压力非得好好消除消除不可，就觉得好有压力啦。"

"就是啊，我也一样呢。"

以这种表示赞同的说话法，在了解对方的想法之后，再配合他并带到对方会喜欢、会高兴的话题来展开交谈。这样一来，接近对方的桥梁便慢慢地搭建起来了。

秘诀八　学会恰当地赞美对方

好人缘秘诀：没有人会因为被人赞美而感到不愉快，或者对对方表示反感、或抱有敌意的。因此，应抓住人性这一弱点，学会恰当地赞美他人。

关键词：恰当赞美

表示尊重就是最好的礼物和报酬；表示赞扬就是心灵的雨露和阳光。经营管理的哲学，公共关系的意识，就是尽最大努力争取投资小而收益大。而赞扬别人，就是微小的一笔“投资”，但得到的“利润”却非常大。我们为什么不肯乐于这么做呢？

基本上，没有人会因为被人赞美而感到不愉快，或者对对方表示反感、或抱有敌意的。人这种感情动物的殷切需求，就是希望能够得到他人的认同、接受以及正面的评价。因此，大多数人都会期待他人的赞美。

不论是品格多么高尚的人，仍旧逃脱不了希望别人称赞自己的需求。法国革命英雄拿破仑极其讨厌其他人的奉承与恭维，但是当他听臣子说“陛下不喜欢奉承”时，据说也是会满脸愉悦的。反过来利用“不喜欢奉承”的这一点，是相当高明的奉承。

所以，与陌生人打交道时，也可以说是对于人性弱点的这项需求，是没有理由不好好利用的。

恰当地赞美可从以下几方面入手：

1. 赞美出于真诚

不真诚的赞扬，给人一种虚情假意的印象，或者会被认为怀有某种不良目的，被赞扬者不但不感谢，反而会讨厌。言过其实地赞扬，不能实事求是，会使受赞扬者感到窘迫，也会降低赞扬者的威信。虚情假意地奉承对人对己都是有害而无利。

2. 赞美要不失时机

对别人身上的特点，你要尽可能地随时随地去发现。如果你真心喜欢，就要抓住时机，积极反馈。他的一个表情、一个动作、所说的一句话、所做的一件事，你都要看在眼里、记在心里。赞美的时机多种多样，当时、事后、大庭广众之下、俩人独处之时都可进行，但一般以当时赞美为好，当众赞美为好。

3. 力争是第一次发现

你所发现的对方的特色、潜能、优势最好是别人谁也没有发现过的，甚至是他自己也没有发现的内容。你的赞扬会令他恍然大悟，瞬间即增强自信，从而对你产生好感。

4. 与对方的内心好恶相吻合

他自己认为是缺点，内心极为厌恶，但却被你夸奖，这会令他无法接受。如你赞美某个朋友像某个电影明星，而他恰好讨厌这个明星的相貌或性格，那你的赞美就适得其反。

5. 寻找对方最希望被赞美的内容

各人有各人优越的地方，有自知优越的地方，他们固然盼望得到别人公正的评价，但在那些还没有自信的地方，尤其不喜欢受到人家的恭维。例如，女孩子都喜欢听到别人夸赞她们美丽，但对于具有倾国倾城姿色的女孩，就要避免再去赞扬了，而应称赞她的智力。如果她的智力又恰好不如别人，那么你的称赞一定会使她雀跃无比。

6. 间接恭维

引用他人的评价，对某个朋友、同事过去的事迹，也就是既成的事实加以赞美，被称为“间接恭维”。这证明你对他的成就、声誉有所了解，对方会欣然接受你亲切、热情的赞美。

7. 背后赞扬

在背后赞扬人，是一种至高的技巧，因为人与人之间难得的就是背后能说好话，而不是坏话。如果朋友知道你在别人非议他时挺身而出，主持公道，一定会非常感激你。

8. 引其向善的赞美

赞美与谄媚、奉承、拍马屁的区别就在于其是"引其向善"。你希望对方拥有哪些优点，巩固哪些优点，你就要发现这些特点的体现，并及时予以鼓励，对方的自尊心受到激励后，会朝你赞许的方向努力。

9. 含蓄性的赞美

过直、过露的赞美时常会令对方感到过分和肉麻，抽象含蓄的赞美却会使人迷醉。语辞本身含有多方面的意思，可做多种解释，对方会不自觉地往好的方面去想。譬如你赞扬他："你的眼睛好漂亮！"如果对方真的如此，她就会认为是理所当然的。但如果并非如此，这便成了一种讽刺。所以，倒不如说："你很有气质"，能产生更好的效果。

10. 直观性的赞美

初次相识时，可较多地使用这种方法。从对方的饰物入手，对其衣着、装饰等具体事情予以发现性的适度赞扬。这会让对方感到轻松、自然，从而使气氛活跃起来。

第二章

让朋友与你心贴心的六个秘诀

秘诀一 以君子的胸怀与他人相处

好人缘秘诀：真心对待自己的朋友，以君子的胸怀与他人相处，潇洒一些，大度一些，快乐将永远陪伴着你。

关键词：真心相待

孔子说："君子坦荡荡，小人常戚戚。"我们应该真心对待自己的朋友，以君子的胸怀与朋友相处，潇洒一些，大度一些，快乐将永远陪伴着你。

古人常说："千金易得，知己难求。"要想交到真正的朋友确实很难，但是，一分耕耘一分收获，只要你对他人付出了真心，你也会得到他人的真心回报。

很多人认为，所谓的人际关系就是互相利用，只要你能忽悠住人，能让别人照着你的意思做，你的生意就能做好。这种观点非常片面。事实上，伪装和欺骗虽然是很多人做生意的套路，但是并不是长久之计。要想真正让别人认可你，把生意做强做大，你就需要别人从心底里接受你，因此你自身的素质、品性和修为就十分重要。其中，抱着真心相对、坦诚相见的态度与人交往，就更是必不可少的。

有一家电机公司的业务员，有一段时间推销电机非常顺利，一个月时间就卖出了 30 多台电机。可是不久后发现他自己卖出的电机比其他公司同类型的电机价格高出不少。怎么办？钱已经到手了，就这么算了吗？可是客户一旦知道了这件事，一定会对他没什么好印象。想到这些，业务员立即带着订单和现金，整整花了 3 天时间，逐家去找客户。他老老实实地向客户说明他所卖出的电机比别人的贵，为此请他们废除合约。并表明，此前自己也不知道，请他们多多谅解。

业务员的坦诚使每个客户都深受感动。结果 30 多家客户没有一家跟他解除合约，不仅如此，他们反而加深了对这名业务员的信赖感，更乐意和他做生意了。

这名业务员其实是没必要让客户解除合约的，因为合同已经签了，生意已经完成了。但是他本着和客户坦诚相见的合作态度，不愿伪装自己、欺骗他人，反而获得了他人的好感，成功地把自己推销了出去。

坦诚，其实就是坦荡与诚信。坦荡可以使双方的沟通变得顺畅，使私利曝之于阳光之下；诚信可以使自己在对方心中的威信确立，使沟通成本降低。和别人真心相对、坦诚相见，便于被人了解、便于公正处世、便于自我约束，同时也便于扩大你与他人的合作，做大自己的生意。而且在很多不利的情况下，如果你能抱着和对方坦诚相见的态度交往，还可以挽救双方的关系，不至于使生意从此结束。李嘉诚在创业初期，就曾经历过这样的合作。

李嘉诚的长江塑胶厂刚刚有了点名气，竞争对手就不择手段地想要把他排挤出去。他们采取了偷拍照片揭短的做法，将拍摄到的长江塑胶厂破烂不堪的厂房照片在报纸上刊出，希望借此破坏他们的形象，使顾客对李嘉诚失去信心。

李嘉诚对对方这种利用不正当手段竞争的方式了然于胸，他冷静地思考着对策，最后决定主动迎敌，以自己的坦诚迎战对方反面的宣传，化不利为有利，挽回长江塑胶厂与客户的关系，使竞争对手的企图落空。

于是他拿着报纸，背上自己的产品，开始走访香港上百家代销商。他坦率地承认自己在创业阶段厂房破旧，不过他认为产品的质量可以证明一切，而且他真诚地欢迎代销商去实地考察，并承诺他们满意了再订货。

打动代销商们的不仅是李嘉诚诚恳的话语，还有他优质的产品，而且李嘉诚敏锐的商业头脑也使他们钦佩不已，他们还感叹李嘉诚敢于将自己的弱点示人的勇气。这些代销商们去长江塑胶厂参观之后，纷纷订货，长江厂的生意空前红火。

以虚伪和欺骗的原则来与人共事，尽管可能会得到一时的利益，但是这种为人处世的态度绝对谈不上聪明，因为它很难让生意长久地存在下去。而最明智的做法无疑是坦诚共事、真诚相对，让别人信赖你、认可你、接受你，这样你就可以让自己的生意一步步地做大、做强、做久。

要知道，虚伪狡诈的人难结良友，让人讨厌；真诚的人给人一种安全感，招人喜欢。对他人坦诚相待，真诚帮助，你得到的将会比付出的多得多。

秘诀二 以欣赏的目光看待他人

好人缘秘诀：一旦发现别人的长处与优点，便试着欣赏他，接着便看对方的反应，再决定接下来的后续动作。重点在于，要让对方感觉愉悦，让他对你有好感。

关键词：欣赏目光

有人非常善于欣赏别人，就算不是什么特别值得欣赏的事情，还是会以欣赏的目光看待。例如，别人的领带很有品位，说"很有品位的领带呢"，这是赞美；但如果说"很有品位的领带呢。原本就很有男子汉气概，再这么有品位，这不成了巨星级人物了吗？伤脑筋啦。"这就是欣赏加上客套话再加上奉承。

虽然一开始是以很单纯的心情来欣赏对方，但是因为对方有明显的喜悦反应，所以不知不觉便渐渐地恭维加奉承起来，有时候不免就会变成这样。

不过，即使是这样也无所谓。总之，一旦发现别人的长处与优点，便试着欣赏他。接着便看对方的反应，再决定接下来的后续动作就可以了。重点在于，要让对方感觉愉悦，让他对你有好感。

在费城，华克公司承揽建造一座办公大楼的项目，并且双方指定必须在某天竣工。

这项工程，每一件事进行得都很顺利，眼看这座建筑物就要完成了。突然，承包外部铜工装饰的商人说他不能如期交货。什么！如此一来，仅仅因为这个承包商，所有的建筑工程都要停下来，这会耽误完工日期，还要交付巨额罚款，将给公司带来重大的损失。

在长途电话里，激烈的争论对解决问题没有一点好处。于是卡伍被派往纽约，与那个人当面交涉并协商问题。

卡伍走进这位经理的办公室，第一句话这样说："我想你一定知道，你的名字在整个市里是独一无二的。"这位经理听到这话感到很吃惊。他摇摇头说："不，我不知道。"

卡伍说："我今天查电话簿找您的地址时，发现在本市叫这名字的只有您一人。"

那经理说："我未注意过。"于是他很感兴趣地把电话簿拿来查看，果然一点也不错。那经理很骄傲地说："这个姓名是不常见的。因为我祖籍荷兰，搬来纽约已有200年之久了。"接着就谈论他的祖先和家世的情况。

卡伍接着又称赞他有这样庞大的一间工厂。卡伍说："这是我听见过的铜器工厂中最干净、有序的一家。"

那经理说："是的，我花了毕生的精力来经营这个工厂，我为此而骄傲。你愿意参观我的工厂吗？"

参观的时候，卡伍连连称赞工厂的组织系统优良，同时也赞许几种特殊的机器。这位经理告诉卡伍，那几台机器是他自己的发明，他滔滔不绝地同卡伍说明这种机器的使用方法和特殊功能。而且，他还希望与卡伍一起共进午餐。一直到这时，卡伍对于他这次的来意与目的还只字未提。

午餐后，那位经理说："没想到我们的见面是这样愉快。我当然知道你的目的，请放心，即便不做别家的生意，我也保证准时运送你的定货。"

卡伍并没有提出任何的要求，可是他的目的都很顺利地达到了。随着材料的如期运到，那项工程也如期完工。

可如果当时卡伍选择激烈的争论的话，还会不会有这样成功的效果呢？

秘诀三 平时多和朋友联系

好人缘秘诀：即使你现在不需要他人或者他人的帮助，你也有必要和他们保持联系。缺乏了必要的联系，时间一长，再牢靠的关系也会变得松懈，再好的朋友也会变得淡漠。

关键词：多联系

很多人都有这样的经验：当自己遇到了困难，认为某人可以帮自己解决时，本想马上去找他，但后来一想，过去有很多时候本来应该去看人家的，结果都没有去，现在有求于人了就去找他，是不是太唐突了，甚至因为太唐突了而担心遭到他的拒绝，但是这有什么办法呢？为人交友，本来就应该闲时多烧香才对。

缺乏了必要的联系，时间一长，再牢靠的关系也会变得松懈，再好的朋友也会变得淡漠，到时候再去求人办事做生意，就会不知不觉地平添一些隔膜。

所以，即使你现在不需要他人或者他人的帮助，你也有必要和他们保持联系。如果你只在需要他们支持的时候，或者需要他们帮助的时候，或者需要他们为你引荐的时候才想起与他们联系，那么很快他们就会明白，你只是在利用他们，这样做非但不能和他们建立起良好的关系，还会很容易损害你们业已建立起来的关系。而在不需要帮助时也和他人保持联系，会给你的生意带来很多意想不到的机会。

有一个业务员有一个客户，他只能在每年从8月中旬开始到9月底为止的这段时间里见到他，因为那是客户的公司准备财务报告的时期。还有就是每年5月的一天，当客户把纳税申报单带到办公室来的时候。除此以外，业务员和他没有任何其他的联系。

这个业务员有一天忽然心血来潮，邀请了那位客户一起吃午饭。他回忆说："我们一点也不谈生意上的事情，这一点，我有言在先。我发现，我们两个人都喜欢某位作家。之前，我发现了一位新作家，他的作品和我们喜欢的作家的作品风格相近，在我家里有这位作家的书，我想把它们送给那位客户以示友好。我把书带到办公室，包装好了以后寄给了他。"后来，他们两个又经常在一起谈论这个作家以及其他的一些话题。令这个业务员没想到的是，他从这个客户这里竟然又接到了很多生意。尽管那次午餐纯属业务员无意中想到的，却为他的业务带来了大量的契机。

还有一个业务员，他每个季度都会给客户寄一些东西。他给他们寄去的不是销售广告信息，而是其他一些与客户有关的信息。比如，他从报纸或杂志上看到一篇和他的客户有关的文章，那是关于他们所处行业的信息，他认为他的客户会对此感兴趣，于是就把文章寄给他们。在客户生日的时候，他会给他们打电话，而且会寄生日贺卡。通过这些业务之外的联系，这个业务员和他的客户一直维系着良好的关系，当业务员有事找他们时，他们总是乐于合作，而且也心甘情愿地为这个业务员介绍更多的生意。

关系的建立和发展自有其规则。你和他人的关系持续的时间越长、联系越多，关系也就越深厚，你所得到的益处也就越多。而且积极的、牢固的关系包含着给予和收益的双重内容，如果你在不需要他们的时候还是继续保持与他们的联系，那么当你真的需要他们的帮助时，他们也很乐意为你施以援手。经常和他人保持联系，即使你的联系方式很简单，比如一声问候："你好吗？""你的孩子该上初中了吧，成绩怎么样？""什么时候来我这里，我们一起吃午饭怎么样"等等，或者是一封电子邮件、一个电话、一张明信片等等，都会让他们觉得亲切。之后当你真的需要他们时，他们也不会觉得突兀，因为你已经为你们的关系提前投入了。

所以你要记住：闲时多烧香，急时有人帮。

秘诀四 尽可能地多为他人着想

好人缘秘诀：一个人要想有大的作为，做事就应该有一种站在别人的立场上想问题的习惯，要设身处地地想一想对方的利害得失与困难，再做出自己的决策。

关键词：为对方着想

古人有一句话，叫做"人不为己，天诛地灭。"这里所表现的是人的本性，而不是精妙的为人处世的原则。真正成功的为人处世的原则应该是尽可能地为对方着想。

胡雪岩之所以能够广结善缘，拥有许多可以生死相托的朋友，一个重要的原因就是他在为人处世时总是要为别人着想。用他自己的话来说就是"前半夜想想自己，后半夜想想别人"。

王有龄做上浙江海运局"总办"后，遇到了一件棘手的事：海运局负责将朝廷每年征收的粮食运往北京，原先这些粮食主要是靠漕帮经运河运达，但由于运河年久失修，加上干旱，沿路漕运不畅，粮食久运不出，朝廷已经开始严词催逼。如果王有龄完成不了这个任务，后果可想而知。

胡雪岩想到了一个办法：到上海就地买米，然后运到北京。王有龄甚为高兴，于是由胡雪岩出面，带了20万两银子，然后和张胖子等人向上海进发。打听到上海松江漕帮的通裕米行有十几万石大米刚好够数后，胡雪岩和张胖子来到松江漕帮总部。胡雪岩先打通松江漕帮当家人尤五的师父魏老爷子的关系，说好通裕的这批米先借垫给海运局，到时仍旧归还。因为米价看涨，现在卖了很不划算。

但是尤五却有很多难处：帮里的亏空票填补倒在其次，眼看漕米一改海运，漕帮的处境异常艰苦，无漕可运，收入大减，帮里弟兄的生计要设法维持，到处活动打点托情想办法，不需要大把的银子花出去，这一切都全靠卖了这十几万石的粮米来应付。如今垫给了海运局，虽然有些差额，但将来收回的仍旧是米，与自己这方面脱价求现的宗旨完全不符。

胡雪岩察言观色，知道尤五有难处，便诚恳地说："五哥，既然是一家人，无话不谈，如果你那里有难，不妨实说，大家商量。你们的难处就是我们的难处。我们不能只顾自己，不顾人家。"

尤五便感激地说道："爷叔！您老人家真是体谅！不过老头子已经有话交待，您就不必操心了。今天头一次见面，还有张老板在这里，先请宽饮一杯，明天我们遵照吩咐就是了。"

但胡雪岩却不想这么做，他很认真地说："话不能这么说！不然于心不安，五哥，我再说一句，这件事你们这方面能做才行，如果勉强，我们宁愿想别的办法。江湖上走，不能做害好朋友的事情。"

尤五沉吟了一会，终于讲出了自己的难处。听后，胡雪岩立即和张胖子商量，请信和钱庄放一笔款子给漕帮，以帮助他们解决眼前的困难，将来卖掉了米再还。张胖子很爽快地答应贷款10万两银子，尤五这才一块石头落了地，同时也更佩服胡雪岩的为人。胡雪岩人情练达、处世周到，善于为他人着想，帮人帮到实处，一下子就赢得了对方的信任与尊敬。

做事总要为朋友着想，这是生意人在与人交往时应放在首位的原则。一个人要想有大的作为，做事就应该有一种站在别人的立场上想问题的习惯，要设身处地地想一想对方的利害得失与困难，再做出自己的决策，使自己的决定不仅有利于自己，同时也避免损害对方的利益，使对方容易接受，从而乐于与你共事。

多为对方着想，才能赢得别人的信任，赢得别人的尊重，赢得别人的真诚与友谊，并为自己树立良好的形象，为我们的生意发展赢得良机。

秘诀五 默默地为朋友奉献

好人缘秘诀：别人的感激与表扬并不是最重要的，真正有意义的回报是无私奉献的热情，所以，帮助他人的时候，不要声张，这样才能心情坦然，体会到奉献的乐趣。

关键词：无私奉献

生活中经常有这样的人，帮了别人的忙，就觉得有恩于人，于是心怀一种优越感，巴不得天底下的人都知道，还高高在上、不可一世。这种态度是很危险的，常常会引发负面影响，也就是：帮了别人的忙，却没有增加自己人情账户的收入，正是这种骄傲的态度，把这笔账抵消了。

帮助朋友是通过自己善良的行动为友人创造美好生活，而不是为了让友人知道“我有恩于你”。做好事的同时，我们善良的本性已经使他感觉愉快——我们仁爱的意义便在于此。

别人的感激与表扬并不是最重要的，真正有意义的回报是无私奉献的热情。只要有了这种热情，生活就更加美好、惬意。所以，帮助他人的时候，不要声张，这样才能心情坦然，体会到奉献的乐趣。这是一种跟你的生活密切相关的处世方式，它不仅会带给你快乐，而且做起来也是轻而易举的。

如果你感到替别人做了什么而得不到任何回报，那么导致你心理不平衡的根本原因是隐藏在你内心的互惠主义，它干扰你内心的平静，它使你总在想：我想要什么，我需要什么，我应当去索取什么。如果行善事而有所图，也许好事会变成坏事。

试着真心真意地去帮助别人，别让你自己有意无意就想着“我将得到什么样的回报”，你最好摒弃这种想法。当这一切完全是你的意愿，你一定可以体会到，真心实意地帮助他人而不图回报将是件很快乐的事情。如果你真的这么做了，你就会感到这一切对于你心灵的回报——一种和平、宁静、温暖的感觉。

所以，帮朋友的忙时应该注意下列事项：第一，不要使对方觉得接受你的帮助是一种负担；第二，要做得自然，也就是说在当时对方或许无法强烈地感受到，但是日子越久越能体会出你对他的关心，能够做到这一点是最理想的；第三，帮忙时要高兴，不可以心不甘、情不愿。如果你在帮忙的时候觉得很勉强，意识里存在着“这是为对方而做”的观念，或者对方对你的帮助毫无反应，你定会大为生气，认为“我这样辛苦地帮你忙，你还不知感激，太不识好歹了”。这样的态度或想法都是不可取的。

如果对方也是一个能为别人考虑的人，你为他帮忙的种种好处，决不会像打出去的子弹似的一去不回，他定会用别的方式来回报你。对于这种知恩图报的人，应该经常给他些帮助。

总之，人际交往，帮忙是互相的，万不可像做生意一样赤裸裸的，一口一个“有事吗”，“你帮了我的忙，下次我一定帮你”。忽视了感情的交流，会让人兴味索然，彼此的交情也维持不了多长时间。要讲究自然，不故意“打埋伏”，以免别人认为：“和他做朋友，如果没用处，肯定会被一脚踢开！”悄悄地为朋友做点事，朋友就会真诚地感激你。

秘诀六 朋友处于逆境时，伸出援助之手

好人缘秘诀：如果能在对方处于逆境时给他一点帮助，那是最容易收到成效的。因为逆境时的交往，需要的是真诚，你帮得了他，他会感激你的关爱。

关键词：雪中送炭

雪中送炭，是一个人在穷途末路之际，他最真诚的朋友为他伸出的援助之手，把他拉出火坑，带他走出困境。就像他即将渴死在沙漠时，一个人给他一口救命甘泉一样。

锦上添花，是一个人在最风光得意的时候，许多的人都来恭维他、朝拜他，是他高坐在高堂之上，所谓的朋友在对他大呼“万寿无疆”。它可以让这个人威风的时候更威风，风光的时候更风光。锦上添花之人，犹如在一个人胜利嘉奖之时，为他点响鞭炮的人。

人生在世，没有一帆风顺的，总会有许许多多的艰难与困苦。当一个人遇到断崖险阻时，他最需要的是别人为他架桥搭梯、雪中送炭。在这时帮助他的人，他才承认对方是自己真正的朋友，这也是所谓帮人帮急的道理。我们在发展关系、洽谈生意时也要记住：雪中送炭，是最暖人心的，因此也最容易使我们达到目的。

胡雪岩的阜康钱庄开业不久，就遇到这样一件事：浙江藩司麟桂捎了封信来，想找阜康钱庄暂借两万两银子。胡雪岩对麟桂也只是听说而已，平时没有交往，不过他听官府里的知情人士说，麟桂马上就要调离浙江，因此这次借钱很可能是用于填补他在财政上的空缺，而此时的阜康刚刚开业，包括同业庆贺的“堆花”也不过只有4万现银。

这让胡雪岩很为难。借了，人家一走，岂不是拿钱往水里扔？声音都听不

到。即使人家不赖账，像胡雪岩这样的人，也不可能天天跑到官府去逼债。两万两银子，对阜康来说也是一个不小的损失。

按通常情况来看，根据“人在人情在，人去人情坏”的办事原则，一般钱庄的普通老板大都会打马虎眼，阳奉阴违一番，几句空话应付过去。或者就算肯出钱救麟桂之急，也是利上加利，活生生把那麟桂剥掉几层皮。

但是胡雪岩想的是，一旦在人家困难的时候帮忙解了围，人家自然不会忘记，到时候利用手中的权势行个方便，何愁两万两银子拿不回来？而且据知情人讲，麟桂这个人也不是那种欠债不还的人，现在他要调任，是不想让财政“空缺”的把柄授之于人，影响了他仕途的发展，所以急需一笔钱来解决问题。

想到这一点，胡雪岩决定冒一次险。他不顾他人的反对，不惜动用钱庄的“堆花”款项，并以超低利率，如数把钱贷给了麟桂。他这一宝是押对了，而且很快就见到了雪中送炭后的实效。尽管麟桂马上就要调走，但是他在临走之前，就送了胡雪岩的阜康钱庄三样礼物：

(1)找到名目，请朝廷户部明令褒扬阜康。这等于是浙江省政府请中央财政部发个正字标记给阜康，不但在浙江提高了阜康的名声，而且将来京里户部和浙江省之间的公款往来，也全部托阜康办理汇兑。

(2)浙江省额外增收，支援江苏省围剿太平天国的“协饷”，也委由阜康办理汇兑。

(3)将来江苏省和浙江省之间的公款往来，也悉数归阜康经手。

通过麟桂这一节关系，胡雪岩的阜康钱庄不仅不愁没有生意做，还将生意做到了上海和江苏。雪中送炭的利益回报，一下子就显现出来。

朋友交往乃至做生意，就是这个道理。如果能在对方处于逆境时给他一点帮助，那是最容易收到成效的。因为逆境时的交往，需要的是真诚，你帮得了他，他会感激你的关爱提携；即使你帮不了他，只要你的心意尽到，他也会感激你心中有他这个朋友,以后共事也就容易多了。但是人在顺境时就不同了,他正春风得意,你的关注和别人的一样,都是锦上添花,也就无足轻重了。所以,要尽量雪中送炭,而不是锦上添花。

第三章

让同事接近你的七个秘诀

秘诀一　怀着一颗真诚的心与同事相处

好人缘秘诀：要赢得别人的好感，怀着一颗真诚的心是最重要的。在一些细节上关心、体贴同事，宽容、大方地与之相处。

关键词：真诚相待

同事是我们每天必须面对和相处的人，无疑和我们的工作、事业乃至生活都有密切的关系，是对我们影响最深的一个群体。那么，在职场上，如何赢得同事的好感呢？

1. 顺其自然，不要虚假

工作时间是你和同事相处、争取早日融入同事圈子的最好机会。“路遥知马力，日久见人心”，你只管认认真真工作，踏踏实实为人，无论多坚固的圈子都会渐渐接纳你的。在你和同事之间本来没有什么牢不可破的障碍，只不过因为陌生，或者仅仅因为你自己内心设置的屏障，所以使你感觉到他们的排拒，实际上这未必是事实。工作过程中的每一个平实的日子都是你和同事们相处的最好机会，只要你有耐心，和同事们打成一片不过只是时间问题而已。千万不要把这件事当做一个难题，而应轻轻松松、自自然然地去面对这个必经的过程。

需要注意的是：你千万不要为了尽快融入同事圈子，而刻意改变自己去适应别人。比如在言语和行为上故意迎合同事，心底里挺冷淡，而表面上却装成极热情的样子，这样做是没有必要的，很累，也不长久，一旦他们看出你的虚伪，会鄙弃你的为人，反而不利于你融入集体之中了。

2. 充分利用业余时间和机会

除了工作时间，业余时间也是你尽快融入集体的好时机，休息日或假日你可以动动脑筋举办一些有趣的聚会，或者真诚邀请同一办公室的同事去你家里玩，你亲自做上几道拿手好菜，这都是沟通思想和交流的好方法。

另外，单位集体旅游或者度假时，尽可能地活泼、活跃起来，跟大伙一块说说笑笑，真实地显现你的个性，真诚地表示你的热心。一定不要独来独往，另辟蹊径，那样会让同事们觉得你很难接触。

3.细心关怀，体贴同事

不要怕主动表达你的关爱，只要你是真心诚意的。比如去收发室取报纸时，顺便就把楼上几个办公室同事的信和报刊都带上送给他们；哪位同事工作忙，中午加班，你就主动帮他买午餐；再比如哪位同事病了，下班后晚上打个电话过去问候一下，诚恳地问他是不是需要帮忙、明天能不能上班等。即便同事不需要你帮忙，但你的心意他是会领受的。这样，若你随时细心地体察同事的需求，时时抱着善意和助人的心态，那么同事圈子就一定会很快地认同和接受你的。

4. 要宽容，要满足

你永远不必企求集体里的所有人都认同和接受你，因为人的性情总是多种多样的，你只需要被大多数人接纳和认可就足够了。所以面对个别人的排拒和冷漠，你要宽容，认定它是种正常现象，并同往常那样与他相处，至于他对你的态度如何你完全没有必要计较。当你已经被一个圈子里的大多数人所接纳和欣赏，你就已经融入到这个群体之中了，你要学会满足。每天怀着一种明朗的、对一切都满意的心态去面对你的工作和你的同事，你所获得的就是令你更满意的结果。如果你一直紧张，甚至有所抱怨，那么你就算易于融入人群，也不会长久合群，因为人们总是欢迎那些给他们带来快乐的人，而不是带来尴尬和压抑的人。

5. 对同事大方一些

为人太吝啬不好，有时候适当地大方一点，你的恩惠就会让人铭记于心。

小莉大学毕业后已经换了几次工作，虽然每个地方待的时间都不是很长，她却能和每位同事成为很好的朋友，并且在离开的时候让人感到依依不舍。

小莉的秘诀就在于：除了工作中的接触外，她还有个特别的"小手段"，比如午间休息时到超市买来一包瓜子，回到办公室后把它分发给每位同事，有的人即使不喜欢吃瓜子，至少也会以一个微笑作为回应。如此过了不到一个月，小莉便和同事们"打成一片"了，同事们都喜欢这位乖巧的女孩。

当然，对同事大方一点，并非是让你为了讨好他人，为了赢得同事的好感，而不顾自身经济条件，大把花钱去买"人缘"，只是在适当的时候略施恩惠即可。这样，既不会花太多的钱，又能赢得好人缘，何乐而不为呢？

无论如何，要赢得别人的好感，怀着一颗真诚的心是最重要的。在一些细节上关心、体贴同事，宽容、大方地与之相处，同事一定会对你产生好感并乐于与你相处的。

秘诀二 帮助同事搬开脚下的绊脚石

好人缘秘诀：在同事遇到困难时帮他一把，不仅播种了人情，得到同事的感激，还为彼此的关系抹上蜂蜜，融洽甜美。

关键词：帮助同事

潘敏在某家塑料制品企业经营部上班。一天，经理心急火燎地过来问："杨丽呢，她的那份合同做好了没有？"那天恰巧杨丽出去办私事，临走时对潘敏说了一下。潘敏当时说："杨丽刚刚出去，可能上厕所了吧，您需要哪一份合同书？""就是与宏达塑钢窗厂签订的那一份合同，越到节骨眼儿上越找不着人！"经理答道。"杨丽一会儿就回来，我先找一下。"经理走后，潘敏马上给杨丽打电话，找到了那份合同，及时给经理送了过去。关键时刻潘敏帮她解决了难题，杨丽非常感动。此后两个人的关系非常密切，成为红粉知己，杨丽对潘敏更是有求必应。

在工作中，一个人肯定会遇到各种各样的困难，在同事遇到困难时帮他一把，不仅播种了人情，得到同事的感激，还为彼此的关系抹上蜂蜜，融洽甜美。况且，帮助别人搬开脚下的绊脚石，有时恰恰也是为自己铺路——帮助同事就是帮助自己。在帮助别人时，任何一种努力都不会白费。帮助同事，既赢得了同事的尊重，更容易得到老板的器重，因为你在帮助同事的同时也向老板展示了自己的能力。

在同事有困难的时候帮助他，切不可以此作为人情记存心头，也不要沾沾自喜，自鸣得意，时常将对别人的帮助挂在嘴边。这样的人的帮助谁都不愿意接受。也不要期望对方给你回报，否则不但加深不了感情，反而落得个"势利"的帽子。

晓庄在设计单位计算机房工作，对计算机比较精通。其他科室的同事家里的计算机出了毛病后都喜欢找他帮忙。晓庄经常对那些曾经帮助过的人说："某某某，你还不请我吃一顿，你少花了好几十块钱呢。"有时没有饭局就直接找到他人家里，弄得他人特别反感。从此之后，很少有人再请他帮忙了。

同事间的相互帮助并不一定表现在工作上，有时生活中的小事会给人极深刻的印象，从而改变在工作中他人对自己的看法。

玛丽是一个单身女子，住在纽约的一个闹市中。有一次，玛丽搬一个大箱子回家。电梯坏了，玛丽只好自己扛着箱子上 8 层楼。约翰与玛丽是同事，但玛丽平时看不起约翰，有时还冷嘲热讽。因为约翰平时总是不在办公室，工作很差，有时还会弄巧成拙。此时，恰巧碰上约翰，约翰想帮玛丽把箱子搬上楼去，玛丽很难为情，约翰却主动上前，将箱子搬上楼去。事后，玛丽向约翰表示感谢，并开始重新认识他。经过交往，玛丽终于发现约翰的兴趣所在，并帮助约翰进入另外的生活。

热心帮助同事，可以赢得同事的感激。你的热心会使同事也乐于帮助你，能为你营造一个融洽的办公环境。

秘诀三　和同事一起分享荣誉

好人缘秘诀：如果你独享荣耀，就是在威胁别人的生存空间，因为你的荣耀会让别人变得暗淡，产生一种不安全感，而你的感谢、分享、谦卑，却可以换来同事们的尊重。

关键词：分享荣誉

一些人虽然很有才华，但总是得不到同事的欣赏与首肯，其中最重要的原因就是不懂得"分享"的重要性。有好事就想自己独揽，有了差错就千方百计地推给别人,谁愿意与这样的同事共处呢?

套用一句时髦的话:“做出了成绩是大家共同努力的结果,而把事情办砸了是由于自己的疏忽造成的。”这样的同事,哪一个不喜欢呢?飞人乔丹带领他的队友获得NBA总冠军,乔丹同时获得“总决赛最有价值球员”的殊荣,在发表获奖感言时乔丹深情地说:“我的这项荣誉是我的队友带给我的,没有他们,就没有我的现在。”他还特别提到了给予他最大帮助的斯科特·皮蓬,盛赞他对球队的作用“无可替代”,他只留下了象征个人荣誉的奖杯,而将获奖的高级轿车让皮蓬开走。

这就是乔丹,不但不独享荣耀,还将本属于自己的财物分给自己的搭档。尽管当时皮蓬的年薪只有800万美元,而乔丹的年薪达到创纪录的3000万美元,但大家都对他服气。假设乔丹将这一切视为理所当然,甚至连嘴上也没有任何的表示,队友也许会有“既然所有的功劳和荣誉都是你一个人的,奖励你也一个人独享了,那你一个人玩好了,球队成绩的好坏跟我们有什么关系呢?”得不到队友的强力支持,乔丹也只能成为孤家寡人,是不可能有大的成就的。

因此,身处职场中的你,为了让这份荣耀能够为你带来助益,你必须做好以下几点:

1. 感谢同仁的协助

当荣誉到来时,你首先要感谢同仁的协助,不要认为这都是你自己的功劳。尤其要感谢上司,感谢他的提拔、指导与帮助。如果事实的确如此,那么你的感谢本就应该;如果同仁的帮助有限,上司也不值得你恭维,你的感谢仍然是必要的。虽然你会觉得虚伪难耐,但却可以使你避免成为上司与同事的箭靶。

2. 分享快乐与喜悦

将1元钱平均分给两个人,则每个人的钱会减半;如果将一份快乐与喜悦分给两个人，那么这份快乐就会加倍。人类本为群居动物，你中有我，我中有你，无论是快乐与痛哭都会相互影响，因此，职场得意的你，请真诚地与团队其他成员分享你的快乐，你会得到更为愉悦的回报。

3. 保持谦卑的姿态

人往往有了荣耀，便开始自我膨胀，个人的涵养与底蕴就不足以支撑你的那份荣耀。慢慢地，自会招人非议，同事们会在工作中处处与你作对，使你碰钉子。对于刚刚踏入职场的大学生，获得荣耀固然可贵，但保持谦卑则更为重要。要不卑不亢不容易，但“卑”的力量要胜过“亢”的力量：对人要更客气、更尊重，荣耀越高，头就要越低。成绩面前总是提自己的荣耀，就会变成“吹嘘”，事实上，你的荣耀大家早已知道，何必再提呢?

如果你独享那份荣耀，就是在威胁别人的生存空间，因为你的荣耀会让别人变得暗淡，产生一种不安全感，而你的感谢、分享、谦卑，却可以换来同事们的尊重。

秘诀四　注意检点自己的言行

好人缘秘诀：要想在办公室里有一个好的人缘，就要随时注意检点自己的言行，免得给自己惹来不必要的麻烦。

关键词：检点言行

有些人往往不注意检点自己的言行，只凭一时快意，想到哪儿说到哪儿，想做什么就做什么，致使同事为了避免“受伤”而不愿与你保持关系。即使你个人有很强的能力，他人也会对你敬而远之。

无心的话语给他人带来的伤害往往是你无法估量的，特别在某些特别的场合中，更要特别注意，否则，就会像下面故事中的李强一样遭人厌恶。

李强是公司里的业务能手，平时为人坦诚，身边有不少朋友。可是就在一次公司组织的户外活动中，他却因一时的心直口快而遭到了同事的厌恶，从此那个亲切能干的李强也从大家的印象中消失了。

事情是这样的，一次户外拓展训练中，有一项团队协作游戏的比赛，李强受到推举成为游戏的裁判员。虽然说只是一个游戏，但是谁也不愿意扯团队的后腿，大家都很努力地完成自己的任务。甲组里有个叫赵芳的女孩，身体素质不是很好，没跑几步就已经是气喘吁吁了。其他的同事都在为她呐喊助威，她也努力地将比赛坚持到最后，虽然她们组因她而输掉了比赛，但是大家还是给了她热烈的掌声。

裁判李强作最后总结的时候对大家说："今天的比赛非常好，充分显示出了我们大家的团结，不过我说赵芳，你平时应该注意一下运动了，看你现在胖的那样儿，平时就知道往嘴里塞东西吃，一个女孩子，那么胖像什么样子啊，今天，你们组就是因为你才输掉了比赛。"话音刚落，就见赵芳的脸"刷"地红了，险些哭了出来。大家都对李强说："你就别说了，她已经很努力地完成了比赛啊，只不过是一个游戏嘛，参与就好了。"李强不以为然："怎么了？她本来就胖啊，难道还不让说啊，谁让她平时就知道吃的。"大家都沉默了，不是因为李强的话，而是在想李强怎么会是这样的人，一点也不顾及别人的感受。

心直口快的人不仅容易伤害到他人，而且也容易成为被人利用的对象，因为这类人一般都具有"正义倾向"，容易被人鼓动去揭发某些非法的事情，或者去攻击某人的不公。这样的人容易成为别人鼓动下的牺牲品，成为他人的眼中钉。因此，要想在办公室里有一个好的人缘，就要随时注意检点自己的言行，免得给自己惹来不必要的麻烦。

秘诀五 有效的沟通能消除误会与隔阂

好人缘秘诀：说话要分场合、要有分寸，最关键的是要得体。不卑不亢的说话态度、优雅的肢体语言、活泼俏皮的幽默用语，这些都属于语言的艺术。

关键词：有效沟通

在办公室里与人交往离不开语言，但是你会不会说话呢？人们常说，消除误会与隔阂的有效途径在于沟通，同样的目的，但表达方式不同，造成的后果大不一样。在办公室里说话要注意哪些事项呢？

1. 不要人云亦云，要取于发出自己的声音

老板赏识那些有自己头脑和主见的职员。如果你经常只是别人说什么你就说什么的话，那么你在办公室里就很容易被忽视了，你在办公室的地位也不会很高。有自己的头脑，不管你在公司的地位如何，你都应该发出自己的声音，敢于说出自己的想法。

2. 有话好说，切忌把交谈当成辩论比赛

在办公室里与人相处要友善，说话态度要和气，永远不能用居高临下的姿态与人谈话。虽然有时大家的意见不能够统一，但是有意见可以保留，对于那些原则性并不很强的问题，没有必要争得你死我活。如果一味好辩逞强，会让同事们敬而远之。

3. 不要当众炫耀，以免容易遭致嫉妒

如果自己的专业技术过硬，如果老板非常赏识你，这些就能够成为你炫耀的资本了吗？再有能耐，在职场生涯中也应该小心谨慎，强中自有强中手，倘若哪天来了一个更加能干的员工，那你一定马上成为别人的笑料。倘若哪天老板额外给了你一笔奖金，你就更不能在办公室里炫耀了，别人一边在恭喜你的同时，一边也在嫉恨你呢！

4. 工作之地不宜互诉心事

我们身边总有这样一些人，他们喜欢向别人倾吐苦水。虽然这样的交谈可以很快拉近人与人之间的距离，使你们之间很快变得友善、亲切起来，但心理学家调查研究后发现，事实上只有1%的人能够保守秘密。

所以，当你的生活中出现感情危机时，如失恋、婚变之类，最好不要在办公室里就找人倾诉；当你的工作出现危机，如工作上不顺利，对老板、同事有意见有看法，你更不应该在办公室里向人袒露，任何一个成熟的职场高手都不会这样“直率”的。

说话要分场合、要有分寸，最关键的是要得体。不卑不亢的说话态度，优雅的肢体语言，活泼俏皮的幽默用语，这些都属于语言的艺术。当然，拥有一份自信更为重要，懂得语言的艺术，恰恰能够帮助你更加自信。娴熟地使用这些语言艺术，你的职场生涯将会变得更成功。

秘诀六 对各类同事采取不同的应对方法

好人缘秘诀：与同事相处一定要擦亮眼睛，看清每一个同事的真面目，对各类同事要采取不同的应对之法，这样才能在办公室里拥有好人缘。

关键词：应对同事

职场中难免有不宜接近的庸俗同事，与人相处一定要擦亮眼睛，看清每一个同事的真面目，小心应对，这对你的事业是大有帮助的。

对办公室里常常出现的几种庸俗人物，你要对他们的劣迹进行分析，要知道，这是有助于你调整自己对待他们的态度和策略的。

1. 交浅言深者

初到公司，可以通过闲谈与同事沟通，拉近彼此之间的距离。但是有一种人，刚认识你不久，便把自己的苦衷和委屈一股脑儿地向你倾诉。这类人乍看是令人感动的，但他可能也同样地向任何人倾诉，你在他心里并没有多大的分量。

2. 搬弄是非者

“道人是非者，本是是非人。”这种人喜欢整天挖空心思探寻他人的隐私，抱怨这个同事不好、那个上司有外遇等等。长舌之人可能会挑拨你和同事间的交情，当你和同事真的发生不愉快时，他却隔岸观火、看热闹，甚至拍手称快，也可能怂恿你和上司争吵。他让你去说上司的坏话，然后他却添油加醋地把这些话传到上司的耳朵里，如果上司没有明察，届时你在公司的日子就难过了。

3. 唯恐天下不乱者

有些人过分活跃，爱传播小道消息，制造紧张气氛。“公司要裁员”、“高层之间有内讧”等，弄得人心惶惶，如果有这种人对你说这种话，切记不可相信。当然也不要当头泼他冷水，只需要敷衍：“喔，是真的吗？”

4. 占小便宜者

有的人喜欢贪小便宜，以为“顺手牵羊不算偷”，就随手拿走公司的财物，比如订书机、纸张、各类文具等小东西，虽然值不了几个钱，但上司决不会姑息养奸。这种占小便宜还包括利用公司的时间、资源做私事或兼差，总认为公司给的薪水太少，不利用公司的资源捞些外快，心里就不舒服。这种占小便宜看起来问题不严重，但公司一旦有较严重的事件发生，上司很可能怀疑到这种人头上。

5. 没责任心的人

这类型的人，该做的事往往都没做，他们很会偷懒。每当有事情发生了，他们的第一个反应便是推卸责任，他们会常说这不是我的错，他们常常会责骂其他人，他们喜欢否认自己的过错，然后找借口或当没这回事。

职场中经常能遇到这种现象，很多才华横溢的人往往不是事业的成功者，而不少能力一般的平庸之辈，却在事业上处处如鱼得水、左右逢源。所以，对待办公室的各类同事要采取不同的应对之法，才能在办公室更好地生存。

秘诀七 重视同事间的应酬

好人缘秘诀：把日常生活中的应酬，看作是一门人情练达的学问。善于社交的人，常常会伸长耳朵来打听这一桩子事，帮人凑份子、送礼请客，皆大欢喜。

关键词：同事应酬

应酬不仅仅局限于亲戚、朋友之间，同事之间的应酬也必不可少。处于职场中的人，除了自己的家人，恐怕与你相处时间最长的人就是同事了。除了工作，同事之间有许多事情需要应酬：张三结婚、李四生日、王五得了贵子、马六新升了职务，这些事要躲当然也能躲开，但别人会说你不懂得人情世故。善于社交的人，常常会伸长耳朵来打听这一桩子事，帮人凑份子、送礼请客，皆大欢喜。为什么？因为他把日常生活中的应酬，看作是一门人情练达的学问。

应酬是一门社交艺术，只有善用心思的人，才能达到联络感情的目的。

一位同事生日，有人提议大家去庆贺，你也乐意前往，可是去了以后发现，这么多的人，为什么偏偏来为他贺岁，为什么他们不在你生日的时候也来热闹一番？这就是问题所在，这说明你的应酬还不到位，你的人际关系还有欠佳的时候。要扭转这种内心的失落，你不如积极主动一些，多找一些借口，在应酬中学会应酬。

比如你新领到一笔奖金，又适逢生日，你可以采取积极的策略，向你所在部门的同事说："今天是我生日，想请大家吃顿晚饭，敬请光临，记住了，别带礼物。"在这种情形下，不管过去同事们与你的关系如何，这一次都会乐意去捧场的，你也一定会给他们留下一个好的印象。

重视应酬，一定要入乡随俗。如果你所在的公司中，升职者有宴请同事的习惯，你一定不要破例，你不请，就会落下一个“小气”的名声。如果人家都没有请过，而你却独开先例，同事们还会以为你太招摇。所以，要按约定俗成来办。这就是请与不请，当请则请。重视应酬，还有一个别人邀请、你去与不去的问题。人家发出了邀请，不答应是不妥的；可是答应以后，一定要三思而后行。对于深交的同事，有求必应，关系密切，无论何种场面都能应酬自如。浅交之人，去也是应酬，礼尚往来，最好反过来再请别人，从而把关系推向深入。能去的尽量去，不能去的就千万不能勉强。比如同事间的送旧迎新，由于工作的调动，要分离了，可以去送行；来新人了可以去欢迎。欢送老同事，数年来工作中建立了一定的情缘，去一下合情合理；欢迎新同事，就大可不必去凑这个热闹，来日方长，还愁没有见面的机会吗？

重视应酬，不能不送礼，同事之间的礼尚往来，是建立感情、加深关系的物质纽带。

同事在某一件事情上帮了你的忙，你事后觉得盛情难却，选了一份礼品登门致谢，既还了人情，又加深了感情；同事间的婚嫁喜庆，根据平时的交情，送一份贺礼，既添了喜庆的气氛，又加深了自己的人缘。像这种情况，送礼时要留意轻重之分，一般情意到了就行了，千万不要买过于贵重的礼品。同事间送礼，讲究的是礼尚往来，今天你送给我，我明天再送还给你。他来送礼，你执意不收，岂不叫人没面子？倘若你估计到送礼者别有图谋，推辞有困难，不能硬把礼品“推”出去，可将礼品暂时收下，然后找一个适当的借口，再回送相同价值的礼品。实在不能收受的礼品，除婉言拒收外，还要有诚恳的道谢。而收受那些非常礼物之中的大礼，在可能影响工作大局和令你无法坚持原则的情况下，你便要撕破脸皮不收，这比你日后落个受贿嫌疑要强。这叫做“君子爱礼，收之有道”。

第四章

让上司赏识你的八个秘诀

秘诀一 给上司留下最佳印象

好人缘秘诀：在与上司打交道的过程中，如果承认自己与上司之间的差距，设法协助上司完成任务，并给上司留足面子，则会收到更佳的效果。

关键词：良好关系

通常很多下属对自己的上司会有以下的批评：他不过是命比我好，办事能力远不及我，还总摆出一副不可一世的样子；他只懂得一味批评我们工作做得不好，一旦问题真正出现，他又推卸责任。谁也无法从他那里得到明确的指示，大家都认为他不是一位好上司，无奈在现实生活中，每个职员都要服从他的命令。

你对这些一定感到很气愤，但你要记住一个事实，上司能坐到这个位子，必然有某些地方是你所不及的。没有人是十全十美的，在办公室里与其明争暗斗两败俱伤，不如努力与他合作。承认与上司的差距不会让你颜面丢尽，凡事“小不忍则乱大谋”。作为下属，同上司关系出现问题时，你应该首先检查自己的态度。不管怎么说，与上司建立良好的工作关系，对你的工作有百利而无一害。

常言道：“退一步海阔天空，进一步逼虎伤人。”这话是很有道理的。因此，在与上司打交道的过程中，如果承认自己与上司之间的差距，设法协助上司完成任务，并给上司留足面子，则很可能会收到更佳的效果。主要应该注意以下几点：

1. 在日常生活中，应该时时处处表现出对上司应有的尊重

当他向你交代任务和发出指示时，你要仔细聆听，不要显得无精打采，漫不经心。一副无所谓的态度，必然会大大伤害上司的尊严和面子，他会觉得你缺乏对他应有的尊重。

2. 无论上司是对是错，你都要先听他说，然后再婉转地表达自己的见解

在上司正确的情况下，下属对上司表现出应有的尊重，这点比较容易做到。但是，假如觉得上司错了，一般下属的心里就憋不住劲儿，想和上司理论一番，甚至直接指出他的过失。这样，上司虽然在心里认为你可能是对的，但面子上肯定会挂不住，一定会把你视为一个可恶的下属，从而不会想着给你晋升的机会。

3. 千方百计把上司交办的事情办圆满，特别是私事更要办好

细心的人都可能会发现这样一个事实：在单位里，同样都是服从上司、尊重上司，但每个人在上司心目中的位置却大不一样，这是为什么？这就是能否掌握做下属的艺术。有的人肯动脑子，会表现，主动出击，经常能让上司满意地感受到他的命令已被圆满地执行，并且收获很大。相反，有的人却仅仅把上司的安排当成公事，被动应付，不重视信息反馈，甚至“斩而不奏”，结果往往事倍功半。

4. 将自己的功劳归于上司，把本该属于自己的镜头悄悄地让给上司

擅长处理上下级关系的人，都会对自己的功劳淡化，不显山不露水，必要的时候将一切功劳、成绩、好名声都归之于上司，而将过错、骂名留给自己，用当今一句流行的话就是“干得好是由于上级领导的英明、伟大，干得不好是由于我们没有很好地理解上级的意图，执行上级领导决策时出了偏差，水平低”。试问，对于这样的下属，哪一个上司能不喜欢、宠信呢?

要想给上司留下最佳的印象，首先就需要有一个专业的工作态度。如果你现在在上司的眼中依然是无足轻重的，你无须抑郁，生活往往是可以改变的，试着按以下的要点做，你会成为上司眼中不可或缺的重磅人物。

1. 早到

别以为没有人注意到你的出勤情况，上司可全都是睁大眼睛瞧着呢！如果能提早一点到公司，就显得你很重视这份工作。

2. 少说闲话

职务上的机密必须守口如瓶，与工作无关的事在办公室也无须多言。在闲谈的时候，要善于寻找话题。光是从电视上取得的资讯是不够的，多看报纸杂志才是最直接的知识来源。

3. 工作中充满热情

上司的时间比你的时间宝贵，不管他临时指派了什么工作给你，都比你手头上的工作来得重要。工作时时在扩展，不要老是以“这不是我分内的工作”为由来逃避责任。当额外的工作指派到你头上时，不妨视之为考验。不管你接受的工作多么艰巨，鞠躬尽瘁也要做好，千万别表现出你做不来或不知从何入手的样子。接到工作要立刻动手，迅速、准确、及时地完成，反应敏捷给人的印象是金钱买不到的。

4. 遇到问题保持冷静

面对任何状况都能处之泰然的人，一开始就取得了优势。老板、客户不仅钦佩那些面对危机声色不变的人，更欣赏能妥善解决问题的人。冷静不等于犹豫，一定要有魄力和决断力。遇事犹豫不决的人或过度依赖他人意见的人，是注定要一辈子被别人打入“冷宫”的。千万别企盼所有的事情都会照你的计划而行。相反，你得时时为可能出现的意外做准备。

5. 讲究效率，让上司确认你是个能干的人

企业是个最讲求效率的地方。如果你做事慢慢吞吞，经常都无法提高效率，那么，无论你心地是如何善良，或工作态度如何认真，上司也不会看重你。一旦被认定是慢吞吞、懒惰虫、委靡不振、好好先生、只会说恭维奉承话、爱发牢骚的人，就很难翻身了。如果你对上司委托你办的事，能够顺利完成，然后你再问上司，“还要我做什么”，这样一个又一个地找事做，相信上司一定会佩服你。

6. 尽你所能，主动替上司分担重任

身为领导者，每天都为了工作而忙碌不休，深感责任重大。所以，当他们发现无法顺利进行工作，而又肩膀僵硬、眼睛发花、白发渐多时，便会感到茫然，甚至有人担心自己演变成神经质而感到不安；而且他们很想摆脱这种困境，经常都在寻找能让他放心委托工作的部下。如果有谁只要告诉他要点，就能很顺利地去处理工作的下属，上司派他工作，心里不知要轻松多少。但实际上，这种下属也并不容易找到。大多数都是稍微批评两句就不高兴，并说出一大堆理由来反驳的人。于是，上司难免失望。所以，当部下真正了解上司的这种期望时，能肩负起上司所期望的重任，上司一定会惊喜地说：“不要太勉强，这个担子对你来说太重了吧。别跌倒了！你真是个好帮手！”他会很快找机会提拔这样的人的。

7. 主动建议，不要计较是否被采纳

对公司提出意见、建议，是一个职员应有的职责。虽然自己提出的好建议自认为对公司颇有帮助，却也不一定会被采纳。此时此刻，你应该想到，公司并不是一个人的。

“公司有公司的眼光，公司有公司的立场，还是慢慢来吧！”要有这样爽快的心情才好。虽然自己的提案被否决了，你并不因此而耿耿于怀。这才是得到上司赞赏的良好态度。上司会认为你是个能提出好建议的职员，而且认为，你是个不论成败都能保持心情舒畅的乐天派。这样，以后你还有许多提出建议的机会，同时推销自己的机会也决不会少。

8. 勇于接受批评，时时自我反省

不管是谁，如果挨骂，或受到上司的警告、指责时，心里都会不痛快。所以，如果有人当面斥责你，你就会生气，认为“不必你说我也知道”。并且怒气冲天，脸红脖子粗。这也难怪，但如果此时你不去压抑怒火，冲动行事，事后你一定会后悔。所以，当你想要发怒时，最好在心中默念：“等一等！”

较为积极的人，可能被骂之后就没事了；但是消极的人，一旦被斥责而感到屈辱，不但不会发脾气，反而会产生“唉，我真不行”的想法而灰心。无论是谁，自己的心情不能被别人的斥责所扰乱，而应当经常保持冷静，挨骂时只要低头认错就好。上司被下属反驳是件难堪的事。既然上司已经斥责了，还是干干脆脆地道歉吧！这才是做下属应有的可爱态度。别人指责你的缺点和错误时能够自我反省的人，才能提升自己的人格，同时也是个有内涵的人。所以，只要应对得体，挨骂反而能促使你进步。

秘诀二 遇事多和上司商量

好人缘秘诀：有心的上司，都很希望他的部下来询问。部下来询问，表示他眼里有上司，看重上司的决定。因此，遇事要多和上司商量，多让上司给你做主。

关键词：多商量

不自作主张，是你在处理公司事务时起码要做到的，而要想在这一方面做得更好，你还需要做到遇事多和上司商量，多让上司给你做主。

因为下属太过敬畏以致有沟通的心理障碍，老板只好做孤家寡人，其实在大多数的情况下，他们都不愿扮演这样的角色。老板也是血肉之躯，不希望别人拿他当机器人。主动抓住与老板沟通的机会，尽量向上司请教，这并不是无能的表现，而是尊重上司，向上司展示自己想法与能力的好机会。

有心的上司，都很希望他的部下来询问。部下来询问，表示他眼里有上司，看重上司的决定。另一方面也表示他在工作上有不明了之处，而上司能够回答，才能减少错误，上司也才能够放心。

如果员工假装什么都懂，一切事都不想问，上司会觉得"这个人恐怕不会是真懂"而感到担心，也会对你是否会在重大问题上自作主张而担忧。在工作上，对重大问题做出决策时，你不妨先问问上司，"关于某件事，某个地方我不能擅自下结论，请您定夺一下"，或者"这件事依我看不这么做比较好，不知您认为应该如何"等等。

假使你有迷惑不解的事、苦恼的事，诸如工作上的难题，家中的困扰，男女感情上的苦恼，也可以偶尔向上司提出，同他商量。尽管你不是真正会听从上司的意见，这样做却会使上司产生"他什么事情都听我的"的心态，认为你在什么问题上都会重视他的意见，在工作上也不会私自越权做出决策。当然，也有这样的上司，他们乐于授权，他们喜欢看到下属按自己的方式完成工作，不喜欢什么事情都要向他请教，遇到这样的上司，你不妨只向他请教相对重大的问题，关于之前提到的完全可以自己做主的小事情，就没有必要让上司替你做主，但前提条件就是，无论你采用什么方法和措施，你必须把上司交办的工作完成得尽善尽美。

大多数情况下，上司是决策者和命令的下达者，无论我们有多大的把握来做成一件事，也无论你多么相信自己的判断力，无论你代替上司决定的事情多细微，都不能忽略上司决定这一关键步骤。否则当上司意识到本应由自己决定的事情，被下属越俎代庖，他心理上所产生的排斥感和厌恶感，以及对于下属不懂规矩的气恼，足以毁掉你平时凭借积极努力所换来的对你的全部认同。所谓"一招不慎，满盘皆输"，正在于此。

征服上司的一个好办法，就是尽量接近上司，造成相互之间能够彼此理解的关系。尽量设法让上司处处关心自己，要以行动表现出“我什么事情都依靠你”的心态，上司自然会对你的事情格外留心。

上司因为把你看做可靠的人而感到满足，从而会想到要使自己成为更加可靠的人。让上司依照你的想法而行动，这是征服上司的要诀。但是，千万不要耍计谋，要真心诚意去对待他。即使你依赖他事情仍不能顺利完成，你也不要埋怨他、向他发牢骚。只有这样，你才能真正建立起和上司的良好关系。

秘诀三 维护上司的尊严和权威

好人缘秘诀：作为下属，能随时给领导撑起面子，维护领导的尊严和权威，是最能赢得领导的信任和青睐的。

关键词：维护尊严

作为下属，能随时给领导撑起面子，维护领导的尊严和权威，是最能赢得领导的信任和青睐的。

做老实人，说老实话，应该是待人处世的一条准则，但直炮筒子未必受欢迎。中国人的行为模式很特殊，就是嘴上说喜欢“直来直去”，内心深处却并不喜欢“直来直去”。当对方回答“不”的时候，未必真的是“不”，很可能只是碍于面子，第一次需要拒绝来拿拿架子，摆摆谱，或是客套的礼貌性回答。而第二次再恳求时，对方可能就同意了。反过来说，当对方说“好”的时候，也未必就表示同意，或许只是不愿当众给你难堪而已。

明白了这个道理，也就知道为什么许多上司说“研究研究”之后便没了下文；为什么对上司提意见“直来直去”的人，却不仅难以获得上司的满意，反而因此而遭到打击报复。

有一个单位，上司在会议上，提出一项改革计划。在上司的长篇大论之后，照例问问各级主管有没有意见。正当众人都静默无声的时候，却有一个人立刻站起来，提出他的看法，并针对计划的弊病，说得口沫横飞，最后还提出了另一项改革计划。几天之后，他被调职了。不久，又因为犯了一点小错，被上司连降三级，下放到一个最偏僻的仓库当了一名“发配”的副主任。

上司既然在会议中先提出计划，就是摆明了要大家等一下表决时，全部没有意见通过。表决当然只是走走形式而已，否则在计划公布之前，他自会私下征询下属的意见。如果公开要各级主管做评估，可别当真，他只是给大家面子而已。换句话说，上司问大家有没有意见，实际上就是要告诉大家——不准有意见。

要想获得上司的青睐，必须懂得察言观色，善加分辨，认清对方是真要你开口，抑或只是礼貌性的客套。最好在说话前认真掂量掂量，千万不要“乱放炮”。因为每个人都需要自尊，需要面子。直来直去，实际上就是“不给面子”，使对方心中不快，以致造成双方关系破裂，甚至反目成仇，仅仅因为区区小事、非原则性问题而失去“头儿”的赏识，真是毫无意义，后悔晚矣。

一家保健品厂研究所的办公室主任翔君，就是因为不懂得为上司留面子而毁了前程的。

几年前，翔君从名牌大学毕业分到这家保健品厂。由于办事利索，很快就从一名普通研究员晋升为研究所办公室主任。但他却在关键时刻办了一件傻事。有一次，研究所经认真研究、认证，出台了一套改革方案，由于在设计当中出了问题，致使整个方案全部泡汤。上司追究责任，翔君说：“这套工艺流程是在所长主持下完成的，其他人只是执行者。”

第二天，所长把翔君叫到办公室，冷冷地说：“翔君主任，你真会说话，有了责任就往上司身上推……”没过多久，翔君被免去了办公室主任的职务，调到其他办事处去了。

古语有云："金无足赤，人无完人。"上司也是如此。工作千头万绪，难免出现疏忽和漏洞，这时，作为下属就应该主动帮上司查漏补缺，往自己身上揽些责任。每个上司都喜欢给自己补台的人，如果你在关键时刻给上司落井下石，那么你以后的日子肯定不好过。

所以，下级在公共场合给上司提意见时，一定要注意给上司留面子。留面子，首先表明你对上司是善意的，是出于对上司的关心和爱戴，是为了帮助上司做好工作。这样，他才愿意理智地分析你的看法。

秘诀四 与上司保持适当的距离

好人缘秘诀：作为下属，永远不要企图与上司走得太近。当然，也不要有太多顾虑而对上司敬而远之。把握好适当的距离，经营好与上司的人际关系，将使你的工作轻松愉快。

关键词：保持距离

无论什么时候，上司就是上司，你们的身份和地位永远是不同的。作为下属，永远不要企图与之走得太近。当然，也不要有太多顾虑而对上司敬而远之。把握好适当的距离，经营好与上司的人际关系，将使你的工作轻松愉快。

有些人以为，职场上与上司走得近，就成了上司的人了，这样更容易获得晋升的机会。于是他们便处心积虑地接近上司，结果物极必反，跟上司走得越近，常一不小心就把同事得罪了，而且更容易被抓住把柄，影响自己的前途。

雄伟如愿以偿地进了一家网络公司。他不仅谦虚好学，手脚勤快，而且非常有眼力，很快就赢得了老板的好感。老板对他格外关照，经常对他的工作进行指导，公司有什么好事，老板也常常想着他。

雄伟为了表示感谢，经常主动跑腿帮老板办一些无关紧要的琐事。而且两人居住的地方恰巧离得不远，下班后老板就常让雄伟搭个便车。渐渐地，两人的关系就超出了普通的上司与下属的关系。

有一次公司加班，完工后上司让雄伟与同事们先走，他自己还有一点工作要处理。雄伟在公司附近的快餐店吃过晚饭，忽然想起老板一直在加班，还没有吃晚饭，就买了一份饭给老板送过去。老板的房门虚掩着，他没敲门就直接闯了进去，结果看见老板的怀里坐着自己的女同事。两人先是一阵慌乱，然后又装出一副若无其事的样子。雄伟的脸倒是红了，他把饭一放，赶紧溜了出去。

雄伟感到难以置信，老板平时看起来挺正派的，并且已经结了婚，怎么又和自己的下属勾搭上了？

后来雄伟发现这些问题对自己都无关紧要，重要的是他在面对老板和女同事时的尴尬。尽管他们都装出什么事没发生的样子，可是雄伟发现，女同事刻意躲着他，老板对他客客气气的，下班后也不邀请他搭便车了。

一段时间过后，公司里传出老板与女同事的暧昧关系，雄伟开始感觉到老板对他的态度明显恶化了。其实，消息并不是雄伟传播出去的，但老板一定认为是他所为。雄伟开始还想找老板解释，但是想到事情会越描越黑，就只好任凭事态发展了。

不久，公司在一个偏远的地区成立办事处，雄伟被调到了那个谁也不愿去的地方。

其实，雄伟如果不是与老板走得太近，就不会发现他的隐私，当然也不会有后来的事情了。

作为一名下属，要想与上司融洽相处，必要的时候得到他的提拔，就应该与之保持适宜的距离。

1. 与上司单独相处的时间不要过长

尤其是工作期间，不要长时间地待在一起，比如你去他的办公室汇报工作，或者请示问题，要速战速决，时间过长，就会让人觉得你们两人的关系很密切，惹得别人在私下议论。

2. 尽量少与上司开玩笑

在适宜的时间和地点，与上司开个并不过分的玩笑倒也无妨。如果你不分场合地经常与他开玩笑，就会让人觉得你们的关系过于亲密。因为在人们的意识里，只有关系非常不一般的人才会经常开玩笑。

3. 不要与上司有亲昵的举动

同性之间，无论你的上司多么随和，即使他毫不介意，也不要与他发生亲昵的举动，那是你们关系亲密无间的最有力的证据。异性之间，更不该对你的上司有亲昵的举动，那会给别人留下关系暧昧的印象。

还有的员工甚至认为，知道了上司的隐私，等于抓住了上司的“小辫子”，上司会把他当做心腹，或者偏袒他。殊不知，你知道了不该知道的事，从某种意义上会给上司构成一定的威胁，当他感受到这种威胁的压力时，必然会除之而后快。

秘诀五 关键时刻替上司说点好话

好人缘秘诀：作为下属，关键时刻能够替上司说些好听的话，就不会惹祸上身，还能平步青云。

关键词：说好话

据说上司最大的噩梦之一，就是某天所有的下属都不再唯命是从，集体倒戈。现实的职场中不乏这样的事情，上司的命令，尤其是在涉及原有利益分配的时候失去效力，下属阳奉阴违，执行不力，导致上司的地位岌岌可危。这时候若能看清形势，鼎立相助上司，你在他心中的分量不言自明。

汉高祖刘邦杀了项羽，平定天下之后，开始论功行赏，群臣在这个时候彼此争功，吵了一年多都无法确定。刘邦认为萧何功劳最大，就封萧何为侯，封地也最多，但群臣心中不服，议论纷纷。在封赏勉强确定之后，对席位的高低先后又起了争执，大家都说："平阳侯曹参身受70多处伤，而且攻城掠地，功劳最多，应当排第一。"刘邦因为在封赏时已经委屈了一些功臣，多封了许多给萧何，所以在席位上也不好再坚持，但心中还想将萧何排在第一位。

这时候，关内侯鄂君已经揣摩出刘邦的意图，就不顾众大臣的反对，挺身上前说道："曹参虽然有攻城掠地的功劳，但这只是一时之功。皇上与楚霸王对抗5年，时常丢掉部队，四处逃避。而萧何常常从关中派兵员填补战线上的漏洞。楚、汉在荥阳对抗了好几年，军中缺粮，都是萧何转运粮食补给关中，粮饷才不至于匮乏。再说皇上有好几次逃到山东，都是靠萧何保全关中，才能接济皇上，这才是万世之功。如今即使少了100个曹参，对汉朝有什么影响呢？我们汉朝也不必靠他来保全啊！为什么你们认为一时之功高过万世之功呢？我主张萧何第一，曹参其次。"

刘邦听了，自然是无比高兴，连忙说："好，好！"于是下令萧何第一，可以带剑入殿，上朝时也不必急行。

刘邦本是个大老粗，在分封诸侯的时候，将一些从前跟着他出生入死、身经百战的功臣比喻为"功狗"，而将发号施令、出谋划策的萧何比喻为"功人"，所以萧何的封赏最多。明眼人一看就知道刘邦宠信萧何，因此在安排入朝的席位上，汉高祖居然表面上不再安排萧何应排在第一，但鄂君早已揣摩出他的心意。于是顺水推舟，专替刘邦说好话，刘邦自然高兴。鄂君因此而被改封为"安平侯"，封地也比原来多了近一倍。鄂君在关键时刻说的几句话，使他一生享尽荣华富贵。

在职场中，你最需要建立良好关系的人莫过于你的上司了。搞好与上司的关系，进而提升你在上司眼中的形象，随之而来的将是职位，甚至是地位的提升。

回忆起自己上任不久的那次会议，杰奎琳仍然心有余悸，更越发觉得属下艾薇的可贵。杰奎琳领导的这个部门是全公司最难缠的，创业元老多，而且都颇有“功高震主”的架势。她第一次在会上提出的应对渠道垄断的方案，就被几位老臣子阴一句、阳一句地批驳得体无完肤。眼看下不了台，艾薇站出来解围，自愿从她的辖区开始执行。头上压着这帮元老，艾薇一直不显山不露水。这次替杰奎琳说话，一方面觉得她的方案确实有效，另一方面也是为自己争取。两人同心协力，从渠道那里得到了和大厂家一样的优惠，由此奠定了江山，艾薇也成了杰奎琳的心腹重臣。

无论人格多么高尚的人，只要我们能够真心为他着想，他没有不高兴的。作为下属，关键时刻能够替上司说些好听的话，就不会惹祸上身，还能平步青云，我们没有理由不这么做。

秘诀六 想的比别人多一点

好人缘秘诀：意外情况总是在最没有防备的时候发生，在大多数人都无所适从的时候，那个挺身而出的人必然能赢得上司的欢心。要做到这个水准其实并不难，只要处处留心、时时在意即可。

关键词：处处留心

机会总青睐有准备的头脑。意外情况总是在最没有防备的时候发生，在大多数人都无所适从的时候，那个挺身而出的人必然能赢得上司的欢心。要做到这个水准其实并不难，只要处处留心、时时在意即可。

里奥一直把目前的市场总监成航的一个故事当做经典案例教育公司新人。当年公司一个活动的仪式上，老板临时拟定要多加一位嘉宾剪彩。多安排一个位置没有难度，但总不能让某位要人空着手站在那里看别人动剪刀吧。正当大家都捏把汗之际，本来只负责媒体的成航笑眯眯地从左边口袋里拿出一把剪刀送上，顺利过关。事后老板打趣，要是再多出一位嘉宾如何处理，成航正色道："我右边口袋里还有一把。"细节决定成败，经此一役，成航便入得老板法眼。此后他更将这个特色发扬光大，两年之间连升了三级谁都没有话说。

想得比别人多一点，你就更有可能得到老板的青睐，你可以依照下面提供的建议去做：

1. 了解上司的处境，尽力帮助他

上司在工作中出现失误时，千万不要持幸灾乐祸或冷眼旁观的态度，这会令他极为寒心。此时的你应该帮他总结教训，多加劝慰。持指责、嘲讽的态度容易把关系搞僵，使矛盾激化。己所不欲，勿施于人。当你犯错、失败的时候，也需要得到别人的帮助、劝慰，而不愿受到冷嘲热讽甚至被人落井下石吧？你的上司也是如此，如果你能体谅上司的处境，并且在他需要的时候伸出援助之手的话，你一定会得到上司的信任，以后他也一定会对你另眼相看。

2. 对自己的工作主动提出改善意见

这是最难做到的事情。如果你的上司说："各位，我们来研究一下，工作流程是否可以改善一下？"严格来说，这样的话不应该由你的上司来讲，而应该由你说出来。所以每过一段时间，你应该想一下，工作流程有没有改善的可能？如果你是所干的这项工作的专才，而你的上司不是，那么如果是由他提出的改善计划，想出的改善办法的话，你应该感到羞愧，你在他心目中的位置也会大打折扣。

你敢说你的工作流程都很完美吗？事实上，任何一个工作流程都不是十全十美的，都有改善的可能。最糟糕的是大家都无所谓，安于现状，不对它进行改善。一个组织没有进步，很可能是大家都不想改善，而如果你做到了，你就和其他人不一样,上司会喜欢你、看重你。

3. 做一些分外的工作,给上司以意外的惊喜

处于职场中的人,只要能做好分内的工作,不需要上司额外地操心,上司就已经很高兴了,但如果在此基础上,你能够做出超乎上司想象的分外之事,上司必定会对你印象深刻。这也可以说是快速获得上司赏识的一个最有效的途径。

一家保健品公司的老板想要在西南某城市开拓新的市场,他将一些资料和数据交给公司的小王,让他写出一份可行性报告,并强调说:"你要尽可能快地拿出这份报告,因为还有一个很有发展潜力的城市有待我们去开发,我不想浪费更多的时间在这上面。你最好能在3天之内给我。"

小王在公司里的精明强干是出了名的,接到老板交派的任务,他打起十二分的精神,查资料、分析数据、总结要点,忙得茶不思,饭不想,下班后,他并没有急着回家,而是加班加点赶写报告,一直忙乎到第二天清晨,他不仅完成了可行性报告的撰写,还就具体的营销方案提出了自己的见解。

当老板来到公司的时候,小王将写好的可行性报告和营销方案呈给老板,老板看了翔实的数据、条分缕析的分析,不由得乐开了花,连说:"棒极了!棒极了!"当他发现小王黑黑的眼圈时,心疼地对他说:"太辛苦你了,你准是又熬了一个通宵……今天给你放个假,你回家好好休息一下。"

假如你是老板,你会不喜欢像小王这样的下属吗?我敢打赌,只要是有好事,你第一个想到的必定是像小王这样的下属。

每个年轻人都应当尽力去做一些职务范围以外的事,不要像机器一样只做分配给自己的工作,只有这样才能引起上司的注意。著名的企业家彭尼说:"除非你愿意在工作中超过一般人的平均水平,否则你便不具备在高层工作的能力。"

做出一些人们意料之外的成绩来,尤其留意一些额外的责任,关注一些本职工作之外的事。这就是成功人士获得上司注意的方法。其实，想让自己得到上司的重视，有时候并不像我们想象的那么难。在那些微不足道的小事中，往往隐藏着很多让别人对我们刮目相看的机会。

让我们记住一点：永远比别人希望你做得更多，而且要带着微笑去做。

秘诀七 谁都会欣赏那些诚恳守信的人

好人缘秘诀：日常交际中，能够赢得我们信任的都是言出必行、一诺千金的人。那些谎话连篇、言而无信的人，是不值得交往的。作为上司，自然也会欣赏诚恳守信的人。

关键词：诚恳守信

金在哲 34 岁那年，闻名全球的肯德基开始进军韩国。他就想抓住这个机会，但根据肯德基总部的要求，特许加盟商一是必须有 75 万美元的存款；二是要有一家中等规模以上的银行的信用支持。他当时打工 6 年，存款不足 5 万，但是他不甘心失去这个好机会，四处向亲友借钱，5 个月后，只借到 4 万元。无奈中，他走进韩国一家银行总裁的办公室，总裁听完他的诉说，淡淡地回答："你先回去，让我考虑考虑。"他知道，这代表拒绝的意思。

对这一情形，他早有准备，他要以自己的诚心做最后的争取。于是他恳切地说："先生，你可否让我告诉你我那 5 万块钱的来历？"总裁表示同意。"那是我 6 年按月存款的结果。"于是他就叙述了自己怎样每个月里都按时存款，不管遇到什么样的困难，他都想方设法来渡过，他克制自己的欲望，甚至向别人借钱来存款，从来没有间断过。就是为了以后有机会了来开创自己的事业。

他一口气讲了 10 分钟，态度恳切，使总裁大为动容。听完后，那个总裁就问他那个银行的详细地址，并说下午给他答复。金在哲离开后，总裁立刻开车找到那家银行，柜台小姐听完来意后，兴奋地说："喔，你说的是金在哲先生吧，他可是我接触过的最有毅力、最有礼貌的年轻人，6年来，他真正做到了风雨无阻，准时来这里存钱。老实说，我可真佩服他。"结果可想而知，金在哲得到了那笔贷款，一手创造了肯德基在韩国的奇迹。现在他手下的肯德基分店在韩国到处都有，年营业额超过20亿美元。但是，设想一下，如果金在哲仅是想得到那笔贷款而欺骗银行总裁的话，他是得不到那笔钱的，也不会有今天的成功。

设想，你经常欺骗你的老板或上司，他们以后还会信任你吗？还会把重要的任务交给你吗？诚信不仅是人际交往的必要条件之一，更是与上司打交道的首要素质，上司往往会很直接并且快速地评估一个人是否值得信赖，你的取悦行为如果被视为狡猾，那你的努力就得不偿失了。

秘诀八 在上司面前适当表现一下自己

好人缘秘诀：不表现自己，别人就不知道你的努力。要尽快脱颖而出，当然得展示你的成果，要让上司知道你勤奋工作。

关键词：表现自己

不表现自己，别人就不知道你的努力。上司不是全能的，手下那么多员工，不可能做到事无巨细，一一了解。上司看到的往往是结果，而不是过程。如果你觉得自己做得多，得到的少，就应该让你的上司知道你实际付出了多少。

有的员工在工作上完全称得上尽职尽责，他的勤奋在部门里是有目共睹的。可能会为了核对一个数据，不惜夜以继日，将白天做的工作重新计算一遍，以确保准确无误。然而在部门之外，部门经理以上，就没有人知道他到底花了多少心思，做了多少额外的工作了。

相反，有些人对业务的熟练程度可能不如刚才讲的那名员工，但他的工作积极性很高，不仅虚心向他人请教，而且经常就工作中一些可改进的地方向上级提出合理化建议。在工作空闲阶段，只要看到其他同事忙得不亦乐乎，就会主动伸出援手；或者会自觉找到领导，要求承担额外工作。此外，如果有可能，他还会定期向部门经理汇报最近一段时间工作上得到的收获和遇到的困惑，这样一方面有助于更好地开展工作，另一方面也有助于领导了解他的实际工作量。

生活中常有这样的情况：有的人做了很多，但升迁、加薪的往往不是他；有的人虽然做得不是很多，但却引来上司的赞赏、同事的羡慕，加薪等好事也自然总是属于他。相信每个人都想做后者而不想做前者，那么如何让对方看到你所做的？如何让上司关注你呢？

公司里通常有这样三类人群。第一类，只肯做不愿说；第二类，不肯做只会说；第三类，既肯做又能说。为什么要固执地等待老板放下身段，来殷殷垂询你的精辟见解，或者光辉业绩呢？该“秀”的时候一定不要客气，而且要“秀”得精彩。

张慧就是个中高手。她的企划不一定就是最具创意的，但她的演绎方式却每次都让人耳目一新。即使最后中选的不是她的方案，上司也一定会让她参与，往往最后能抢得项目的最出彩部分，论功行赏的时候，她得到的也都是头一份。

有人以“让老板看到你的成绩”为题做了一次调查，有38%的受访者表示，老板主动看到了自己的工作成绩；27%的人认为，经过暗示和提醒老板才看到成绩；而有35%的人认为，老板根本不注意自己的成绩。可见，老板看不到自己所做出的成绩的比例还是相当高的。假如你在老板的心目中没有任何业绩可言，你的地位也就岌岌可危了。

要知道，哪家大公司不是MBA、名校毕业生一大把，要成为真正出类拔萃的一个，不是三五年就出得了头的。要尽快脱颖而出，当然得展示你的成果。要让上司知道你勤奋工作，并不一定要在办公室苦干到 9 点 10 点。或许可以试试在夜里 12 点或清晨 6 点给上司发封重要的邮件，没有人会询问你当时在哪里，之前是否一直在工作。

第五章

让下属心甘情愿跟随你的十个秘诀

秘诀一 虚心向下属请教

好人缘秘诀：上司放下身段去请教，属下是会感到很荣幸的。所以可以很乐意地告诉上司自己所知道的，而且心情会乐到最高点。

关键词：虚心请教

虚心地向员工请教，是一种高明的“攻心术”，可以产生良性的互动激励效果。如果你想有效地调动员工的积极性，就要尊重他们。而向他们请教，则对他们的尊重就表达得最巧妙、最到位了。

我们每个人都有这样的体会：当你还是个高中生的时候，你会遇到初中的小弟弟、小妹妹向你请教各种问题，充满敬仰地要求你谈谈自己的学习方法等等。这时，无论你本来有多么不高兴、多么忙，你都会带着一丝骄傲解答他们每一个稚嫩的问题，并从他们的目光中得到某种心理满足。

被询问的人，因为可以教别人知道其所不懂的事情，所以心情是会很好的。对某件事很精通、很在行的人，通常是很喜欢展现自己的知识的，而像是电脑玩家，甚至会很乐意到他人府上去传授他所精通的事情。

身为上司，是不容易放下身段向下属请教工作上的事情的。因为自己的立场在上的自我意识使然。可能是因为这等于是自我承认，下属知道的事情自己却不懂，而会伤及自尊心的缘故吧。

如果一不小心在被提问之后被属下说“连这个都不知道吗”，身为上司可能是会颜面无光的。所以才会有一些笨蛋上司，以让人听不出来是在询问别人的高压口吻来询问。还把属下叫到自己的座位跟前，仿佛是要他做工作报告一般。

无论彼此的立场与相互关系如何，向人询问的时候，就要有询问的说话方式与态度。所以，即使有什么事情要询问下属，也应该以请教的态度来对待。

《论语》里面有“不耻下问”这句话，“下问”便是在上者对在下者请教的意思。在公司里，上司对下属请教便是“下问”。意思便是，上司有什么不懂的便老实地承认不懂，并坦坦荡荡地跟属下请教。如果对这样的事情在意，不过就是上司无聊的自尊心在作祟罢了。

上司放下身段去请教，属下是会感到很荣幸的。所以可以很乐意地告诉上司自己所知道的，而结果如果是换来上司的“托你的福终于知道了，太有帮助了，谢谢你啦”这样的道谢，则心情会乐到最高点。而请下属帮忙的上司，因为可以获得超乎期待的资讯，还可以达到笼络属下的目的，可以说是一举两得。

如果我们能静下心来仔细分析这样的经历，我们会发现，成就感是多么早又是多么牢固地根植于我们每个人的心灵深处。别人向我们求教，这就表明自己在某些方面是具有优势的。如果说我们受到了崇拜，这大概有点儿过分，但至少说我们受到了重视，具备了一定的影响力。在被别人请教时我们心中涌起的愉悦感和自豪感往往是并不能为我们自己所清醒意识到的，但它却主宰着我们的情感，甚至是我们的理智。每一个健康的、心智正常的人都会对这种感受乐此不疲。

由此可见“做人之师”对许多人是有诱惑力的，我们何不投其所好呢？

秘诀二 言行一致，坚守道德原则

好人缘秘诀：作为上司，必须保持自己前后一致、言行一致，这样才比较容易赢得下属们的爱戴。

关键词：坚守原则

成功的领导者一定具备言行如一的特质。一本泛谈智慧领导者的书中写道："成功的领导者一定要言行一致，坚守道德原则，必要时要挺身而出，为坚信的价值观奋斗、辩护，不能口里讲、笔下写，而实际上做的却是另外一套。"

确实如此！做领导的人必须保持自己前后一致、言行一致，才比较容易赢得下属们的爱戴。

乔治·哈罗德是英国伯明翰地区一家汽车轮胎生产公司的上司。同行都敬畏地称他为"魔王"。因为在他的公司，制定的条例是最少的，但却是最严密、严厉的。在建立初期，有上百人因为小小的误差被解雇了。虽然如此，哈罗德先生仍然得到了他的同僚和下属的尊敬与爱戴。只因为他也和大家一样，严于律己，遵守自己制定的条例制度。要别人做的，他自己首先做到，一旦违规，所受的处罚远重于对普通职员的惩戒。

哈罗德的管理方式曾被一家商业期刊予以连载介绍，毁誉不一。但哈罗德却倔犟得如头驴子，我行我素，旁人的闲言碎语完全对他不起作用，影响不了他根据自己信念做出的决定，最后，流言蜚语不禁而止。因为公司的骄人销售业绩让所有长舌头的人闭上了嘴。哈罗德还是老样，开着一辆老式的福特车，经常上小酒馆和自己的朋友喝上一杯，痛快地笑几声。

在伯明翰，商会的势力是全英最强的。每家公司上司做出的决定都不得不考虑它的后果，以防商会来找碴，但哈罗德却没有给过商会人士上门的机会，除了礼节性的拜访，抑或是慈善募捐。哈罗德公司每年的销售额可以高达3千万英镑，而一般的同行能保住5百万的数目就算是佳绩了。哈罗德公司的利润递增率每年高达25%，同样把同行们远远甩在后面。在一次招聘中，50个空缺引来了3千名报考者，这可见哈罗德公司在世人心目中的地位和它的影响力。

在他的领导下，公司的所有成员，能全力拧成一股绳，劲儿往一处使，下层职员在卖命，高级管理人员也并不比他们轻松多少。正是纪律的严明塑造了公司职员的自律和自觉，把个人的得失和公司的荣辱紧紧联系在一起。公司的地位也给了职员这样的信念：自己是最优秀的，因为哈罗德公司就是最优秀的。哈罗德公司是聪明智慧人物的汇集点，他们一起创造了哈罗德公司的盛名和荣誉。

上司自身不讲信用，或者客观上造成不守信用的事例比比皆是。有些领导者轻易表态，朝令夕改；有些领导者到处许愿、承诺，开出一大堆空头支票，结果是听得响，看不见，吹得好，摸不着，引起员工的强烈反感；有些领导者好大喜功，喜欢唱高调，制定脱离实际的高指标；有些领导者善于充当“鼓动家”的角色，就是不当“实干家”，煽动味很足，可热劲很快就冷却，甚至只是说说而已，不予兑现；更有一些领导者，说的和做的是两码事，甚至完全相反。比如，他号召员工要“爱企业如家”，可一碰到员工给企业、给领导者提意见就反感，甚至批评、嘲讽。口里提倡人人发扬主人翁精神，但在实际工作中，却自命不凡，高高在上，指手划脚，根本不把其他人放在眼里。说要爱护员工，关心、维护员工权益，但当销售稍不景气就立即辞退、解雇员工，大量裁员，有时只凭自己的好恶随便惩罚员工。如此等等，不一而足。

失信于人，领导者就失去威信，在员工面前就丧失了影响力。失信越多，个人威信丧失就越多，影响力也丢失越多，企业的凝聚力也就越来越弱。可见，信用是事关企业大局的东西，一旦确立，就要全力以赴，决不能让它空有其名；要使它在一桩桩管理活动中成为生动的现实。信用不是用来做摆饰、装门面的，也不是用来应付上级和外界检查的，它是实实在在能转化为员工巨大动力的希望。

以下有5个具体可行的途径，作为上司的你必须遵守：

1. 目标一致

领导者的一言一行，从各方面所传达出来的信息，整个组织的目标以及沟通管理上的工作，都必须有着极为密切的关系。

2. 言行一致

领导者的行为应该要和自己公开说过的话一致。

3. 风格一致

领导者的沟通方式应力求直接、坦诚，尽量鼓励他的下属们发表意见。

4. 前提一致

领导者认为重要的人和事，就应该充分地重视。比方说部属和其他组织的主要成员就应该比外界人士先得到第一手资料。

5. 角色一致

领导者应该是一个组织的最高沟通上司，也是主要事务的发言人。不管是对内或对外沟通，都不该假手他人。

你真正希望100%赢得信赖和效忠吗？我们建议你必须真诚、表里一致，时时刻刻为团体示范出你是个值得信赖的好领导。以下是领导者必须严守的5项原则，有助于创造并增强下属对你的信赖。

1. 公私分明

决不可以将私事和公司的业务混杂不分，要分得一清二楚。

2. 严以律己

公司所规定的任何事情一定要以身示范并做好它，绝对不要破坏自己所颁布的规定和办法。

3. 不轻易许诺

绝对不要承诺你不能实现的事。

4. 用人不疑

用他，就要完全信任他；不信任他，就不要用他。

5. 公平公正

以公平公正的准则来管理人事和公司。

此外，领导者必须投注更多的时间，长期地培养自己的信用，小心维护自己的声誉。好事不出门，坏事传千里。你必须更加谨言慎行，一次失信就可能造成永远无法弥补的致命伤，因此想建立你个人的信用，提高信誉，你必须注意不要犯错。

领导者都应当谨记在心：信赖为成功领导者的宝贵资产。并且你要经常问自己："下属到底有多信赖我？"然后，设法提高别人对你的信赖感。

秘诀三 对待下属要一视同仁

好人缘秘诀：上司在对下级关系的处理上，要一视同仁，不分远近，不分亲疏。不能因客观或个人主观情绪的影响，表现得有冷有热。

关键词：一视同仁

上司在对下级关系的处理上，要一视同仁，不分远近，不分亲疏。不能因客观或个人主观情绪的影响，表现得有冷有热。

当然，有的上司原本并无厚此薄彼之意，但在实际工作中，难免愿意接触与自己爱好相似、脾气相近的下级，无形中就冷落了另一部分下级。

因此，领导要适当增加与自己性格爱好不同的下级交往，尤其对那些曾反对过自己且反对错了的下属，更需要经常交流感情，防止有可能造成的不必要的误会和隔阂。

有的上司对工作能力强、得心应手的下级，能够一如既往地保持亲密关系，而对那些工作能力较弱，或话不投机的下属，就不能够密切相处甚至会冷眼相看，这样下去关系就会逐渐疏远。以下提供的方法可供参考：

1. 不以情感代替原则

有一种倾向值得注意：有的领导把同下级建立亲密无间的感情和迁就照顾错误等同起来。对下级的一些不合理，甚至无理要求也一味迁就，以感情代替原则，把上司和下属之间纯洁的感情庸俗化。这样做，从长远和实质上看是把下级引入了一个误区。而且，用馈赠原则来维持同下属的感情，虽然一时会起点作用，但时间一长，"感情大厦"难免会土崩瓦解。

2. 公平合理

既不要有偏见，也不要对人另眼相待。这两个问题，其实是连在一起的，凡是对一些人有偏见的上司，对另一些人则会另眼相待。

其实，另眼相待同样有害无益。

对于干得出色的下属当然是应该表扬的，但是，该表扬的时候表扬，该评功的时候评功，平时还是应该对员工一视同仁的。

也就是说，他靠工作出色得到了他应该得到的东西，其他方面还是同别人一样。别人若像他一样工作，那也能赢得所应该得到的东西。这里强调的是工作，突出的是公平。如果你把一切特权都授予了他，甚至对他做错的事也睁一只眼、闭一只眼，那么，你让别人怎么向他学习？

另眼相待所造成的特殊化，使他和其他人员有了差距和隔膜，别人反而无法也不想向他学习了。人们会因为妒嫉、仇恨而消极怠工：他既然这么得宠，为什么不把所有的工作都让给他去做呢？我们忙什么劲儿！

一定要给下属一种公平合理的印象，让他们觉得人人都是平等的，机会也是均等的，他们才会奋发，才会努力。这样做，对做出成绩的人会有好处，有助于他戒骄戒躁，不断上进。对女性下属和体弱的下属也不能另眼相待，确实是不适合女性工作的岗位，干脆就不要安排女性去做。既然安排了女性去做，就要同工同酬。体弱的下属也是一样，在规定的时间内也要和其他职员一样工作，作为企业是一个集体场合，要有一种工作气氛，有几个闲散的人在一边是会影响士气的。

3. 纪律面前人人平等

制定出纪律和规章是让每一个人遵守的。当然，并非每个违规行为都受到同样的处罚。一视同仁不是说对待所有的人要完全一个样，一视同仁的原则是指在同样条件和同样的情形下，应该采用同一种处罚，领导和职员要有一样的“待遇”。

作为企业的领导者，不能自律，就无法以德服人、以力驭人。好的领导者必须懂得，要求下级和员工做到的事，自己首先必须做到。

联想有一条规则，开二十几个人以上的会迟到要罚站一分钟。这一分钟是很严厉的一分钟，不这样的话，会没法开。第一个被罚的人是柳传志的老长官，罚站的时候他本人紧张得不得了，一身是汗，柳传志本人也一身是汗。柳传志跟老长官说，你先在这儿站一分钟，今天晚上我到你的家里给你站一分钟。柳传志本人也被罚过 3 次，其中有一次他被困在电梯里，又找不到人帮他请假，结果还是被罚了站。

正是柳传志的这种以身作则，联想的其他领导者都以他为榜样，自觉地遵守着各种有益于公司发展的“天条”，使得联想的事业得以蒸蒸日上。

规章制度都具有“无例外原则”。有员工违反而不受惩罚，是对其他成员的不平等和不公正，也显示出制度本身的苍白无力和虚伪性。在规章制度面前人人平等。诸葛亮曾经说过：“我的心就像一杆秤，不为他人作轻重。不能做到公平二字，就无以取得人心。”所以，制度一经通过，上司就必须带头遵守。

为了维护制度的严肃性和公平性，就应该具有孔明上奏自贬三级、曹操削发代首的气度。能否做到制度面前人人平等，对上司来说，是一大考验。尤其涉及亲朋好友时，更需要上司坚定地维护制度的公平性，这是你与员工建立良好关系的需要。

秘诀四 具有一种“大家风范”

好人缘秘诀：当一位领导人不断追求和学习发展影响力的新价值观时，他所表现出来的气质、见识与能力，都能令周围的人深深感受到他越来越有影响力。

关键词：大家风范

下属是否愿意跟随你，不是由你的头衔、地位或者官阶层次决定的，而是意味着你必须有驾驭和左右全局的能力。也就是说，你必须具有一种“大家风范”。而要有这种大将之风，你只能从提升自己的人格魅力和号召力开始。

尽管在企业经营管理中并不强调个人英雄主义，但不同的领导者对公司的经营会产生不同的影响和作用，并会直接导致完全不同的结果。

稍加留意，你便会发现，一个成功或失败的公司总是和一个成功或失败的领导者的名字联系在一起的。宝洁公司的雅克、福特汽车公司的纳赛尔都曾将这些著名的公司带向危险的边缘，而他们之后的雷富礼、小福特却主要利用自己的个人智慧和魄力迅速扭转了颓势，并最终引领宝洁和福特走出低谷，步入正常的发展轨道。

领导者，特别是高层领导者之所以对公司的发展至关重要，是由他们所处的特殊位置及个人强大的影响力所决定的。这种强大的影响力，更多的是来自非权力性因素的影响，这种来自非权力性因素的影响力是一种极为神奇奥妙的力量，使被领导者愿意顺从，并且去有效地完成交办的事项和任务。

你知道自身有大将之风吗？如果你不是很清楚的话，你不妨从下列几个问题中找寻线索和答案：

（1）当竞争对手开出天价，表示要挖走你的得力干将，他们的反应是不为所动，仍然跟随你左右，还是见利忘情，趁机跳槽呢？

（2）当你因为环境，宣布组织变革、策略转向的新消息时，部属们举双手赞成者多，还是抗拒抵制者与日俱增？

（3）为了节省租金成本，不得不忍痛将公司迁移到远离都市的偏僻地区时，他们是依然与你同甘共苦，还是拂袖而去，另谋他就？

如果你还不能马上并准确地回答出以上问题，这里有一个最好的建议：直接去请教你的部属，并诚心请他们告诉你真正的答案。不管部属对你的评分是多少，我相信你会明白，作为一个企业的领导者，必须要有足够的影响力。

一个人的成就感与工作绩效，绝大部分取决于他能否成功地运用影响力。

当一位领导人不断追求和学习发展影响力的新价值观时，他所表现出来的气质、见识与能力，都能令周围的人深深感受到他越来越有影响力。

记住：影响力可以被整个组织上上下下的人感觉出来。它提供和激发了工作的步调、活力与热情，并且促使大家发自内心，无悔地执著于共同的目标，一起奋斗不懈。

因此，今天的领导人除了非常需要了解人性，并获得部属的敬重之外，更要进一步懂得利用不同的方式去影响部属（当然他要考虑自身的条件和部属的状况），以创造出一种值得部属共同支持，甚至自愿无私奉献的环境和气氛，让组织更具有适应力、创造力和学习力，更容易应付变幻莫测的竞争。

秘诀五 信任并尊重下属

好人缘秘诀：对领导者来说，最重要的工作之一就是在公司与员工之间建立信任，让员工充分了解工作的价值和意义，激发员工的工作和创造热情。

关键词：信任下属

对领导者来说，最重要的工作之一就是在公司与员工之间建立信任，让员工充分了解工作的价值和意义，激发员工的工作和创造热情，并通过职责分配、授权等给予员工体现价值、追求卓越的机会。

信任，是惠普公司成功的一个不可或缺的因素。惠普的领导者们深知，对员工的信任能够让他们愿意担负更多的责任，从而能使公司的团队合作精神得以充分地发挥。在惠普，存放电气和机器零件的实验室备品库是全面开放的，这种全面开放不仅允许工程师在工作中任意取用，事实上还鼓励他们拿回家供个人使用。因为惠普认为，不论工程师们拿这些零件做的事是否与他的工作有关，总之只要他们摆弄这些玩意就能学到点东西。

《第五代管理》的作者查尔斯·萨维奇（Charles M. Savage）博士曾说过："怀疑和不信任是公司真正的成本之源。领导者与员工之间级别上的差异、心理上的距离以及互不信任直接导致了员工压抑的心理，长期如此会产生心理障碍或心理疾病。除此之外，怀疑和不信任还打击了员工的积极性，阻碍了创新。"

那么领导者应该如何表达对员工的信任呢？

1. 让下属担当一定的职责就是最好的信任

信任能增强员工对公司的责任感和使命感，能促使员工自觉采取行动，与公司同命运，共发展。而且，信任更是授权的基础，领导者的任何授权都基于并体现他们对被授权者知识、技能及主动性、责任感的充分信任。

虽然信任对于组织及人员管理的积极作用已被许多公司实践所证明，但信任本身却是管理中最难把握的概念之一。信任应是双方的，但就公司、领导者与员工的信任关系来看，员工对于公司及领导者的信任首先来自公司和领导者对员工的信任。在这个层面上，信任可以理解为给予员工充分的自主权和自由度，放手让他们去处理一些问题，即使在不确定性的情况下或遇到困难时也是如此，同时为他们提供完成任务所必需的各种资源和支持。

2. 将信任和宽容落实于行动

以宽容和信任为基础的领导和管理模式最终获得了巨大的成功：在老沃森时代，IBM 公司的士气和生产率始终维持在很高的水平；而且，由于公司与员工之间的彼此尊重与信任，即使到了产业联盟时代，IBM 的员工也从不觉得有组建工会的必要，这在极为注重法律及员工个人权益的美国是难以想象的。

信任员工是许多知名公司极力推崇的文化价值观。在“新惠普之道”中明确写道“信任和尊重员工”，“珍视员工”同样是飞利浦公司所尊崇的，而摩托罗拉的公司文化正是“诚信不渝”和“尊重他人”。

实践“信任和尊重员工”的观念比接受这一观念要困难得多，许多公司和领导者虽然也能认识到这一点，但能真正做到这一点的却要少得多。卓越与平庸的领导者最本质的差别之一就是：平庸者将口号挂在墙上，而卓越者则却将信念植入心中，落实于行动上。

秘诀六 对下属所做出的成绩给予肯定

好人缘秘诀：如果上司能以行动来表示他对你的重视，或者以行动来告诉你，你所做的工作对公司是多么的重要，那么，不论你的职位是高是低，你都会感到很振奋。

关键词：肯定成绩

一个公司，最伟大的财富是人，而不是金钱和产品，有了人才有一切。每个人都有自己独特的个性和尊严，必须尊重他们，不应让他们有如此的感觉：自己仅仅是老板的赚钱工具而已。

人们都希望自己所做的工作有它的特殊价值，而不是有我不多，没我不少。特别是当员工有杰出的表现时，他们更希望得到别人的赞赏。如果你的上司能以行动来表示他对你的重视，或者以行动来告诉你，你所做的工作对公司是多么的重要，那么，不论你的职位是高是低，你都会感到很振奋。

绩效管理顾问艾伦曾为美国陆军训练军官，谈起那次训练，她说了以下这个故事：

上课的军官当中，有一位上校对于激励技巧的使用非常排斥，在训练课程结业之后大约一星期，那位上校负责一项重要的简报，由于他做得很好，他的上司——一位将军想办法要赞美他。将军找到了一张黄色的图画纸，把它折起来做成一张卡片，外面写上“太棒了”！里面则写些奖励的话，然后召见上校，当面称赞他，并给了他那张卡片。

上校把卡片拿在手上读了一遍，读完之后，僵直地站在那里，然后二话不说，连头也没抬，转身便离开了将军的办公室。

将军想了一想，有点后悔地说：“糟糕，我是不是什么地方做错了？”

将军以为上校不高兴拿到那张卡片，因为心里不安，就跟在上校后面出去看，结果，他发现上校到每个办公室去转一圈，去向人炫耀他那张卡片。

不但这样，那位上校后来自己印了自己专用的卡片，来称赞别人。他专用的卡片上面印着“好极了”！现在，任何人看到这张卡片，都知道是他送的。

只不过是一张管理者亲自写的称赞的卡片，就能让员工感觉到领导对自己的重视，这种喜悦的心情，是单纯用金钱所不能买到的。

其实，管理者向员工亲自表示祝贺非常简单，而且也非常必要。比如：

(1)到员工的位子上，请他到你的办公室，当面感谢他在工作上的辛劳，但不谈其他公事。

(2)在员工的办公室门上贴一张便条，表达你对他的谢意。

(3)请公司的总裁或上司的上司会见你的部属，以感谢部属的杰出表现。甚至于请上层主管去你的部属的办公室，亲自拜访他。

(4)写工作报告的时候，要提到执行工作员工的姓名，以求不埋没员工的功劳。

(5)打听员工的嗜好，买一份他喜欢的礼物送他。

……

向表现杰出的员工表达你的祝贺，并不需要你花费太多的力气，有时甚至是举手之劳。身上带一盒名片，看到员工把工作做得很好的时候写上“谢谢！”、“你做得很好！”、“再接再厉”。或者把员工做得很好的地方，用简单几句话形容一下，写下员工的名字并签上自己的名字，把名片送给员工，就这么简单。

秘诀七 对下属的赞美要真诚

好人缘秘诀：用"诚恳"、"诚心诚意"的字眼看似多余，其实不然，你对员工的赞赏必须是诚恳地、真实地、真诚地表现出来，否则就不会赢得下属的好感。

关键词：真诚赞美

人们希望得到赞赏。赞赏应该能真正显示他们的价值，即人们希望你的赞赏是经过思考的结果。可以说，赞扬是你真正把他们看成是值得赞扬的人，是你花费了精力去思考才得出的结论。

用"诚恳"、"诚心诚意"的字眼看似多余，其实不然，你对员工的赞赏必须是诚恳地、真实地、真诚地表现出来，如果不真诚人们一下子就能看出来。

1. 赞美要得体

赞美是贴近人的本性的激励方法，得体地赞美，会使你的员工感到很开心、很快乐。它是一种博取好感和维系好感最有效的方法，还是促进他人继续努力的最强烈的兴奋剂。以温言轻语来褒奖他人，会让对方产生接纳的态度。如果有一天你对下属说："公司对你的工作很满意，你安心努力做下去吧！"他会觉得这一句话比后来你增加他工资时还要感到高兴。

得体地赞美要求你对员工的赞赏必须是诚恳的、真实的和真诚的。如果不真诚，人们一下子就能看出来。因此，假如不是出于诚意，就不要说出来。管理者亲自表达赞赏非常有意义，亲自送达感谢信比邮件的方式更有意义，在一个员工的同事面前直接赞扬他就显得更加重要。

值得注意的是：赞赏不要过火，要事出有因，且在适当时候给予奖励来认同。如果你做得过于频繁，这一行为就会失去其重要性和价值。要让赞赏成为一种殊荣。

2. 赞扬员工要持平等的态度

放下"架子"是管理者赞扬员工的前提条件。对于员工而言,管理者本来就高高在上,具有一种相对的优势。如果管理者不注意自己的"架子"问题,摆出一副高高在上、可望不可即的姿态,势必在自己与员工之间划出一条鸿沟,不可能进行情感交流和沟通,其称赞既不可能做到自然,更不可能引起员工的心理共鸣。

3. 赞扬具体的事情

赞扬别人要切合实际,既达到沟通的目的,又不违反客观的事实。如果确实不了解对方,暂时无法实现思想的沟通,还不如从具体事物入手,达到感情的沟通。

其实,赞扬下属具体的工作,要比笼统地赞扬他的能力更加有效。首先,被赞扬的下属能清楚是因为什么事情使自己得到了赞扬,下属会由于管理者的赞扬而把这件事做得更好。其次,不会使其他的下属产生嫉妒的心理。如果其他的下属不知道这位下属被赞扬的具体原因,会觉得自己得到了不公平的待遇,甚至会产生抱怨。赞扬具体的事情,会使其他下属以这件事为榜样,努力做好自己的工作。

秘诀八 偶尔放下架子,与下属站在一起

好人缘秘诀:如果你发现下属对你有敬而远之的倾向,不妨扮演一回下属的"下人",有时候甚至让员工把你当做取乐的对象,这样,可以迅速拉近与下属之间的距离。

关键词:放下架子

企业的管理者不要把自己放在高不可攀的位置上。如果你发现员工对你

有敬而远之的倾向，你不妨扮演一回员工的“下人”，有时候甚至让员工把你当做取乐的对象，这样，就有可能迅速拉近你与员工之间的距离，从而建立起和谐融洽的关系。

把你的员工当做大人物来看待，比直接给他物质方面的激励更能激发士气。下面的这个实例充分地证明了这一点。

英国有一个纺织厂，厂里原准备为女工买些昂贵舒适的椅子放在工作台旁给她们休息。后来，老板想出了个新花样：规定如果有人超过每小时的工作定额，她将在一个月里赢得椅子。奖励椅子的方式是：老板将椅子拿到办公室，请赢得椅子的女士坐在椅子上，然后在大家的掌声中由老板将她推回车间。

在人们的常规思维中，员工应该为老板服务，而在这里换了个位置，员工坐椅子，老板推椅子。员工感受到了上司对他的重视，突出了员工的地位，从而提高了员工的士气。

无独有偶，日本某矿业公司的董事长也有类似的举动。

这位董事长在他年轻的时候，曾到基层矿山去担任一个矿的矿长。在到职的欢迎酒会上，由于他一不善喝酒，二不善辞令，以致被员工们认为是一个不讲人情的上司。他在矿里一度很被动，工作开展不起来。

这样过了一段时间，在过年前夕举办同乐会，大家要即兴表演节目。这时他在同乐会上唱了几句家乡戏，赢得了热烈的掌声。连他自己也没有想到，那些一向对他敬而远之的员工，会因此而表现出对他如此的亲近和友好。

他升为董事长后，有一次在工厂开现场会，全公司的头面人物都出席了。会上大家都为本年度的好业绩而高兴，于是公司总裁的秘书小姐提议让大家在高度欢乐的气氛中散会。她想出一个办法，把一个分公司的副经理抛到喷泉的池子中去，以此使大家的欢乐达到高潮。总裁同意这位小姐的提议，就和这位董事长打招呼，董事长表示这样做不妥，决定由他自己——公司最高领导者,在水池中来一个旱鸭子游水。

董事长转向大家说:“我宣布大会最后一个项目就是采纳秘书小姐的建议:她叫我在泉水池中来一个旱鸭子戏水,我同意了,请各位注意了,我就此做表演。”于是他跳入池中,游起泳来,引得参加会议的几百人哄堂大笑……

事后总裁问他:“那天你为什么亲自跳下水池,而不叫副经理下去呢?”

董事长回答说:“一般说来,让那些职位低的人出洋相,以博得众人的取笑,而职位高的人却高高在上,端着一副架子,使人敬畏,那是最不得人心的了。”

董事长的这些话唤醒了总裁,使他和董事长一样,在平时注意与部下打成一片,学到了办好企业的招数。

秘诀九 常给下属谈谈自己的失败经验

好人缘秘诀:失败的经验,会让下属感觉上司人性的一面,因而产生亲切感。而且,除非下属是极其蠢笨的,否则应该会注意到,上司是想通过自己的失败经验来引导下属的。

关键词:失败经验

有些员工虽不想听别人谈论成功的事、得意的事,不过对于上司的失败经验是会很感兴趣的。听上司述说失败的经验,自己便可以沉浸在优越感中。而且,每个人都不希望犯错,所以,对别人的失败经验就会更加有兴趣。

身为上司,就是要谈自己过去的失败经验。例如,某公司的销售部经理就这样谈到了他过去拜访客户时的尴尬经历:

“记得上次我是第一次到A公司拜访,我特意提早出发,那边的地址是丽水街5-10-13,我到了5-10的路口是约定时间的30分钟前。我想,人都到这里了，应该可以安心了，所以就到附近的咖啡厅里去休息一下。然后在约定时间的 15 分钟之前离开咖啡厅，但却怎么都找不到 10–13 的地址，等我找到了，已经是约定时间前 3 分钟了，害我冷汗直流呢！”

说这件事情的精髓在于，上司虽然笨拙，但在工作上却没有给任何人添麻烦，也没有迟到，而且还很清楚自己的笨拙，所以在 30 分钟之前便到了目的地附近待命。

当然，这样的事，也只有在本人有相当的权威，而听者也能有所感觉的情况下才有效果。正因为工作能力卓越且下属也认同，所以对上司的这类令人意外的糗事可以产生亲切感。

还有诸如一些这样的失败经历，例如，在年轻时还是一般员工的时候，被女同事们排挤的事情；第一次升上主管时，对人事变动感到不满的下属们对自己不理不睬的事情；和顾客发生纠纷，心想可能要被炒鱿鱼而冷汗直冒的经验等等。

这些失败的经验，会让下属感觉上司人性的一面，因而产生亲切感。而且，除非下属是极其蠢笨的，否则应该会注意到，上司是想通过自己的失败经验，来引导下属的。

添油加醋地诉说自己的失败经验，听的人也会觉得有趣。坦白自己的失败经历，不但可以获得下属的共鸣，还能更轻易地掌握他们的心。

秘诀十 给予下属真心的关爱

好人缘秘诀：一个关切的举动、几句动情的话语，让下属在不经意间感受到你的关怀，你就会发现，一切都可能是你获得员工信赖和支持的途径。

关键词：真心关爱

管理员工的有效途径不是用规则，而是用情感。一个领导者成功与否，不在于有没有人为你打拼，而在于有没有人心甘情愿地为你打拼。须知，一个关切的举动、几句动情的话语，比给予他们高官厚禄的作用还要大上好多倍。让下属在不经意间感受到你的关怀，你就会发现，一切都可能是你获得员工信赖和支持的途径。

台湾出生的Jean，只是一名普通的电脑程序员。她说："一次，王嘉廉、东尼和我在电梯内，王嘉廉向东尼介绍我，我发现他对我的工作及个人状况相当了解，这让我产生了一种被重视的感觉。一次闲聊中他还问我是否会做烧冬瓜，后来真的收到他自家后院种的一只巨无霸冬瓜。身为大老板，这些小事他可能记不得了，但对我来说却非同寻常，你会觉得没有像打工仔一样被对待。人与人之间除了金钱，还有很重要的东西——就是情感。"

关爱的最大特点就是关注细节。其实，一些小事足可以折射出管理者品质的整体风貌，大家会通过一些鸡毛蒜皮的小事，去衡量你，评判你。小事往往是成就大事的基石，这两者之间是相互联系、相互影响、相辅相成的。管理者要善于处理好这两方面的关系，使二者相得益彰。比如：

1. 留意每个节日与每个员工的生日

节日庆祝与赠送生日礼品不仅仅意味着对员工的关怀，还可以调剂日常的工作氛围。在传统节日到来的时候，可以依据节日内容的不同搞一些适当的活动，如春节的红包、儿童节时送给员工孩子的礼物、中秋节的月饼等，将关怀一点一滴地送出。

现代人都有祝贺生日的习惯，生日这一天，一般都是家人或知心朋友在一起庆祝。聪明的管理者善于“见缝插针”，使自己成为庆祝的一员。有些管理者惯用此招，每次都能给下属留下难忘的印象。或许下属当时体味不出来，而一旦换了领导有了差异，他自然而然地会想到你。

2. 关注员工的健康状况

对员工健康情况的关注已不仅仅局限于“医务室”的设立，很多知名企业为本公司员工聘请专业的健康咨询公司，其任务就是定期检查员工的身体及精神健康状况，为每个员工量身定制其自身的健康计划，从举办健康讲座到公司全员的健身计划。有些企业还与健身中心或当地的健康俱乐部相联系，为员工的个人健身提供便利。

3. 下属住院时亲自探望

一位普通的下属住院了，他的上司亲自去探望时，说：“平时你在的时候感觉不出来你做了多少贡献，现在没有你在岗上，就感觉工作没有了头绪、慌了手脚。安心把病养好吧！”结果，这个下属感动不已，出院后十分卖力，为他的公司也挣了更多的钱。

有的管理者就不重视探望下属，其实下属此时是“身在曹营心在汉”，虽然住在医院里，却惦记着领导是否会来看望自己，如果领导不来，对他来讲简直是不亚于一次打击，不免会嘀咕：“平时我干了好事他只会假装表扬一番，现在我住院了他也不放在心上，真是没良心的家伙！”

4. 不要忽视工作餐

午餐对于员工来说，是一日三餐中最重要的。很多员工早上吃早餐匆匆忙忙，晚上可能还要加班，将晚餐时间拖后，所以午餐的营养如何对员工的身体健康来说至关重要。现在很多公司都为员工提供免费的工作午餐，有的公司将午餐业务外包，有的公司设有专门的配餐部门，但无论是哪些形式，公司对午餐的营养搭配、品种选择都要予以关注。必要的时候，应该请专门的营养师进行营养调配，当然，有个性化的营养摄入指导是再好不过的了。

5. 保证员工的工作安全

强调安全工作是对员工生命的尊重和关心，光在口头上空谈安全的重要性是远远不够的。安全信息必须不折不扣地传达到一线并设立规章制度以确保执行。一般来讲，一线领导对于安全责任制度应予以明确。“人”才是公司最宝贵的财富，当工作效率与安全问题发生冲突的时候，要坚持“安全第一”的指导思想。

6. 提供舒适的工作条件

员工选择工作的时候，工作条件是否舒适是重要的参考因素之一。办公地点的选择、办公环境的布置、上下班班车舒适与否、员工专用停车位的设置等都是所要考虑的因素。在公司的某个角落修葺一个小小的吧台，在柔和的灯光下可以看看新近出的杂志，对于员工来讲也是很大的诱惑。其实大多数的员工对工作都怀有一点小小的虚荣，很多公司在招聘过程中突出工作条件的优越，也是抓住了大家这样的一个心理。

7. 关心下属的家庭和生活

家庭幸福和睦、生活宽松富裕无疑是下属干好工作的保障。如果下属家里出了事情，或者生活过得很拮据，管理者却视而不见，那么即使管理者对他再好也可能显得是假惺惺的。

在人的精神世界，那些最大的波澜，最响的雷声，往往是由最细微的行动引起的，这就需要管理者从平常的一点一滴做起，从小处着手，用心去做好每一件小事才能达到“润物细无声”、“四两拨千斤”的效果。如果管理者能在许多平凡的时刻，经常用“毛毛细雨”灌溉员工的心灵，让他们在感动中为你打拼绝对不是一句空话。一切都会像禾苗一样春华秋实，生机勃勃。

第六章

让客户信任你的六个秘诀

秘诀一　以优质的服务赢得客户的青睐

好人缘秘诀：如果你提供的服务合理的话，就是价格贵些，客户也乐意和你的公司继续进行交易。因此，一个成功的推销员，一定要努力改善自己的服务态度，务必使客户满意。

关键词：优质服务

摸透了顾客的心理，才能真正赢得他们的支持。顾客的心理，是怕麻烦，更怕不熟悉的推销员。一旦客户和你建立了关系，就会由衷地信任你。如果你提供的服务合理的话，就是价格贵些，他也乐意和你的公司继续进行交易。所以，一个成功的推销员，一定要努力改善自己的服务态度，务必使客户满意。

凡是对你及你的公司满意的客户，都会在最短的时间内，将你的好处向不同的人讲述，这便是口碑。这样传下去，即有了义务介绍人，你的生意便做得顺利。因为你提供了好的服务，客户便会将你当朋友般对待。他会对人说："我有位好朋友在该单位工作。"往往一句话，便会将你推销员的地位予以提升。有些不满的客户说："这位推销员烦死我了。"这么一句话，便会将你的地位降低了，变成了人家躲避不及的对象。怎样才能提供优质服务呢？至少下面几点是不能忽略的：

1. 要有耐心

每一位客户，当他们真正产生了购买的动机，都会仔细地去研究该项东西的好处，因为这将是自己的东西。如果客户因为过分的细心而令你不耐烦，应该努力地去控制自己的情绪，并更应详细地与客户研究货物的特点、好处、效能、价钱和成本，充分发挥你的口才，务必令对方明白所买的东西是物有所值的。因为你的耐心，客户将会被你感动。虽然未必立即进行交易，但也会将你放在心里，一定会在适当时间给予你机会。

2. 要时常设身处地地多为客户着想

在推销之前，一定要对客户的情况进行分析，研究所购买的东西，是否真的能为客户提供服务和满足其需要。如果客户没有一定的需要，切勿过分地强迫他人购买，应该采取悉听尊便的态度。如果逼人太甚，纵使将货物出售了，也只是赚取了一次佣金，却从此失去了一个客户，更失去了你在他心目中的好印象和他可能介绍的潜在顾客。

3. 切勿批评客户的东西

客户在选购东西时，往往已经有了相当中意的东西。很多推销员，为了表示自己的知识或商品的优势，不惜过分批评别的商家的货物。踩低别人是永远不能将自己抬高的，何况你又不知道对手和客户的关系。

4. 当货物售出之后，我们更应该留心客户的反应，以便随时提供售后服务

当顾客体会到你良好的售后服务精神，更会心甘情愿地为你义务宣传。这些服务有以下几种：对客户的一切询问，无论事情大小，也要做到及时答复。因为你的推荐，他们才购买了你公司的货物或服务，他们认识的不是你的公司，而是你本人，所以，发生了任何麻烦，他们一定找你。客户对你的询问，是因为对你有信心。如果你不能为他们努力解答，便会失去顾客。

遇到偶然的机会或场合，必须要做好应有的礼节，例如客户的公司开幕了，或举行庆祝酒会，邀请你参加，你必须准时出席。同时又要考虑是否要送贺礼，例如花篮、贺卡之类。一方面可以讨人欢心，另一方面也可以免费宣传你公司的服务或产品，实在是一项划算的投资。

你的产品和服务，也如同其他货物一样，是循着日新月异的道理而进步的。货物在质量方面进步了，一定要通知客户，这样，既可以显示你的关心，又可以避免对手的乘虚而入。

秘诀二 用积极的思想去发现机会

好人缘秘诀：人际关系是主动争取的，而不是被动拥有的。要想拥有良好的人际关系，你一定要主动出击。这一点在面对客户关系时尤为重要。

关键词：积极主动

客户是企业的衣食父母，没有客户企业就无法生存，再好的生意也会变成无源之水。如何获得更多、更牢固的客户关系，正是很多企业和生意人所追求的。获得客户关系的方法当然有很多，但有一种态度却是必须具备的，那就是主动出击，而不是被动等候。

一位小姐去一家电器商店，想买一个便携式收音机。她走到柜台前，看到了一位收银台后的女店员。尽管她已经做好了先开口的准备，但这一次女店员先开了口。

女店员微笑着对她说："您好，请问您需要什么？"

"您好！"这位小姐回应，"您能告诉我在哪里能买到50元一台的便携式收音机吗？"

"请您跟我来。"女店员给她引路，一边又问，"小姐，出于好奇，问您个问题好吗？"

“当然可以了，什么问题？”

“今天是什么原因促使您走进我们这家商店呢？”

小姐说：“我刚搬到附近的公寓，而公寓里空荡荡的，一无所有，早晨无法按时起床。”

女店员笑着把小姐带到了卖便携式收音机的柜台前。她挑了一款，然后女店员问她想不想看看电视机。当然，这很合理，她刚搬到一所空荡荡的公寓里，很需要一台电视机。况且，她已经来到了这家电器商店，为什么不顺便看一看最新款式的电视机呢？女店员说完后，小姐说：“你这么说我才想起来，是应该买台电视机。我看看你们有什么款式。”结果，这个只想花50元的顾客，最后花了3000多元买了这家电器商店的货物。这一切，都是因为女店员的主动出击而得到的。

这个故事很生动地告诉我们一个道理：人际关系是主动争取的，而不是被动拥有的。要想拥有良好的人际关系，你一定要主动出击。这一点在面对客户关系时尤为重要。

有些客户确实会主动找你，但并不是所有的客户都会如此。而且他们既然可以找你，那么他们同样可能去找别人。如果你只是守株待兔、消极等待，那么你赢得他们的概率将会降低很多。如果竞争对手稍一主动，这些客户就很可能被对手抢走。谁让你对人家爱理不理呢？每个客户都想找一个能对自己提供主动、热情服务的人，你不主动能行吗？

很多人总是说客户太少、生意不好，其实都是自己没有抓住机会。如果你没有积极的思想，主动的行动，即使一个大客户站在你面前，也会被你错过。所以说，生意中不是没有机会，而是需要你用积极的思想去发现机会，并主动出击把握机会。

秘诀三　关心客户的经验和体会

好人缘秘诀：当你想抓住别人的注意力，并试图让他们信服你，你应该谨慎地从他们自身的经验及需要中去接近他们，用他们自己的习惯语言来表达你的想法。

关键词：经验与体会

要想感动别人的一个关键，自然应该是：赢得他们的注意。当我们和一个人说话的时候，如果发现他的眼神游移不定，同时感觉到他渐渐地不再注意我们时，这可能就是因为我们忽略了这个策略的缘故：我们忘记了去关心他的经验和体会，我们的谈话一定没有触及他特别感兴趣的方面。

卡耐基就成功地运用了这一方法去接近他的客户。

当时，有一项规模很大的铁路桥梁工程，这一笔大生意差不多就要被别人兜揽去，眼看卡耐基就要失去这一巨额合同了。他绞尽脑汁，想方设法使桥梁公司的决策人改变他们的决定。当时，他们对熟铁比生铁要好这一事实都不是很了解，于是，卡耐基开始以此为契机进行他的公关活动。据卡耐基自己说，那时恰好发生了一件意想不到的事，仿佛是天赐良机，就是这件事给了他一个绝好的机会：有一个管理人员在黑暗中驾驶一辆马车不小心撞在了一根生铁做的灯柱上，把那根灯柱撞断了。卡耐基立刻就抓住了这件事。他说："喂，诸位，看见了没有？当时要是使用熟铁就不会发生这一惨剧了。"于是，人们在事实面前，终于相信了他的话。从此，他就有机会在他们面前仔细地说明为什么熟铁比生铁好了。

正是因为发生了这件事情，在那些决策者已经准备接受对手公司标价的紧要关头，卡耐基竟然在很短的时间里，就把那笔大生意从竞争对手那里抢了过来。卡耐基在自己似乎注定要惨败之后，并没有泄气，而是抓住了有利时机，非常及时而恰当地运用了引起他人注意的策略——他从管理人的切身经验中去寻找引起他们注意的机会，最终成功地达到了自己的目的。

当你想吸引别人的注意力，并试图让他们信服你的时候，你应该谨慎地从他们自身的经验及需要中去接近他们，用他们自己的习惯语言来表达你的想法。当然，在你所运用的语言中，不仅要包含他们所熟悉的词汇，同时还要包含一些他们所熟悉的语法习惯。

要引起别人的注意，应当先去引起他的好奇心。越是出人意料、越是戏剧化的东西，所达到的效果就越好。在运用这种策略的时候，你不妨在他们熟悉的事物中加进一点“新奇的东西”。

电话机的发明人亚历山大·格雷厄姆·贝尔有一次出门去筹款，他来到一个朋友——剑桥的哈勃特家里。他希望自己能说服哈勃特对他正在进行的新发明投入一点资金。

他是不是开头就对哈勃特说通过他的预算能获得多少利益，或是一开头就将他的科学理论解释给他听呢？贝尔决不会做这样的傻事的！在说起这个话题之前，他预先布置好了一个“陷阱”。也许很少有人知道，他不但是个伟大的发明家，而且还是一个很出色的商人呢。

麦肯锡记载了当时的情形：“他本来正在弹钢琴，但他忽然停了下来，向哈勃特问道，你信不信，如果我把这踏脚板摁下去，对着这钢琴唱一个声音，这钢琴就自然地复唱出这个声音来？”

哈勃特当然不明白贝尔的用意。于是他彬彬有礼地放下自己的书本，好奇地问贝尔是怎么回事。于是贝尔就耐心地给他解释了他的和音或复音电唱机的原理。这场谈话的结果是哈勃特情愿承担“贝尔的一部分实验经费”。

贝尔的决胜策略其实非常简单，他在说出自己的真实意图之前，先设法引起对方的好奇心。如果能够成功地引起对方的兴趣，这往往意味着你所要做的事情成功了一半。

秘诀四 交谈中注意观察对方的感受

好人缘方法：生意上的交涉，需要积极的推动。推动时要注意观察对方的感受，想方设法引起对方的注意，这是聪明技巧的根本。

关键词：观察感受

生意上的交涉，需要积极的推动，没有行动是不会成功的。不过，也不是一味地推动就会有结果。注意观察对方的感受，想方设法引起对方的注意，这是聪明技巧的根本。

以前就有这样的说法："再怎么推都推不动的话就放手。"这可以说是用来劝说别人的绝招。这是为什么呢？这是因为，人在被劝说时，就算当时并没有同意，如果被劝说了一段时间，便会倾向同意。

这在心理学上被称为"假寐效应"。举例来说，女性一开始对异性并没有特别的意识，一旦被该异性不断地追求，便会渐渐地对他抱持好感。这就是假寐效应的作用。

日本著名企业家原一平就是将这一招使得出神入化的高手。

有一天，原一平去访问某公司的总经理。他做陌生拜访时有一条规则，就是一定会做周密的调查。根据自己的调查，他得知，这个总经理是个自高自大的人，脾气很怪，没有什么嗜好。这可是一般业务员最难对付的人物，连个简单的兴趣爱好也没有，怎么下手啊？可是原一平胸有成竹，自有妙计。

原一平向前台小姐通名报姓名："您好，我是原一平，已经跟贵公司的总经理约好了，麻烦您通知一下。"

"好的，请等一下。"

接着，原一平被带到总经理室，总经理正背着门坐在大班椅上看文件。过了有一会儿，他才转过身，看了原一平一眼，又转身看他的文件。就在眼光接触的那一瞬间，原一平有一种讲不出的难受。

忽然，原一平大声说："总经理，您好，我是原一平，今天打扰您了，我改天再来拜访。"

总经理转身愣住了，然后才说："你说什么？"

"我告辞了，再见。"

总经理显得有些惊慌失措。原一平站在门口，转身说："是这样的，刚才我对前台小姐说给我一分钟时间，让我拜访总经理并向您请安，现在我已完成任务，所以向您告辞，谢谢您，改天再来拜访您，再见。"说完之后，就走出总经理室，留下总经理傻傻地愣在那里。

到了第三天，原一平又过去做第二次的拜访。这次的情形就完全不同了，总经理认出他就是前天来的那个，就笑着说："嘿，你又来了，前几天你怎么一来就走了呢？你这个人蛮有趣的。"

"啊，那天打扰您了，我早该来向您请教……"

"请坐，不要客气。"

很明显，总经理这次客气多了，原一平很顺利地把这个客户拿下了。

原一平如果也像其他业务员一样，在客户傲气十足的时候还非要正面交谈、强势推销，那么最后的结果可想而知。他采取了走为上策的办法，没有进行任何的业务交谈，只是打了个照面就走，反而引起了总经理的好奇，也使得对方的傲气消弭于无形之中。对方对他感兴趣了，那么后来的生意就容易成交了。

在假寐效应开始产生作用的阶段，要懂得及时退却，这样对方对你的意识便会显现出来。对方一定会想："以前老是纠缠不清的，怎么现在突然一点音讯也没有？"看准这一点，先放一放，之后再去推动，那么得到正面回应的机会便会提高许多。

实际上，销售高手都非常了解这种人的心理，并活用在他们的销售策略当中。所以，即使一开始对方不为所动，只要不厌其烦地继续追求或劝说，最后对方一定会手到擒来。

秘诀五　把客户变成自己的朋友

好人缘秘诀：最强的竞争对手也无法抢走和你有交情的顾客，因此，想要卖出更多的东西，你不需要更多的技巧，而是需要更多的朋友。

关键词：做朋友

有一条古老的商业格言说："条件一样，人们想和朋友做生意；条件不一样，人们还是想和朋友做生意。"据估计，半数以上的生意是因友谊而做成的，半数以上的商业关系也是因友谊而保持的。

如果你认为拥有最好的产品、服务和价格，你就能把东西卖出去，那是在做梦，至少错了一大半。一半的销售都是源自友谊的关系，你应该把潜在的客户和现有的客户变成朋友。

还有最棒的一点：向朋友推销时，不需要使用销售技巧。想一想，当你约一个朋友出来或是请他帮个忙时，你用不着技巧，直接要求就是了。

因此，想要卖出更多的东西，你不需要更多的技巧，而是需要更多的朋友。

想一想你最好的客户，为什么他们是最好的？难道你不是和他们保持着良好的关系吗？如果和你最好的客户是朋友，经常就可以免去对价钱和发货期讨价还价的过程。

与顾客交朋友还有一个大好处——竞争对手被排除出局。最强的竞争对手也无法抢走和你有交情的顾客。

多数销售人员认为，如果给顾客打电话没有卖出东西，这个电话就是在浪费时间。没有什么比这种想法更荒谬的了。人们讨厌别人向自己卖东西——但他们喜欢买。

你应该如何开始？不着急，慢慢来。发展关系需要时间；建立友谊也需要时间。如果你认为“我可没有时间营造关系，我太忙了，有那么多销售任务要完成”，那你最好还是换个工作吧，销售工作你肯定干不长。

销售人员会犯一个大错，认为只要将产品卖出去，同时又顺利地收到货款，这样就万事大吉了，而不是和他们交朋友。认真花上几个小时，和把钱送给你们公司的人待在一起，你能够学到很多东西，也能够使你们的关系升级。工作场所以外的地点是最有助于友谊萌芽的。

你应该怎样去建立关系？在谈话过程中，你是否足够敏锐地去发现一些生意之外的东西？以下是一些值得尝试的技巧。

1. 通过倾听而取得了解

在电话里，其实你只需要几分钟就能弄清顾客是什么地方的人、个性如何、心情好坏。

2. 察言听音，对潜在顾客的心情要敏感

如果对方的回答简短而粗暴，你一定不要多说了，而是要说：“听得出您很忙”，或者“我现在打电话您是不是不太方便？”“我还是选一个更合适的时间再打来吧。”

3. 如果你了解对方，可以试着用个人喜好来吸引他定下约会

比方说，你在和一个篮球迷说话，你可以说：“我知道我能满足贵公司对电脑培训的需要。不如我们见面谈10分钟吧，我用5分钟就可以告诉您我们在电脑培训方面有哪些服务，剩下5分钟我们还可以聊聊洛杉矶湖人队有多少可能成为总冠军。”

记住，人们喜欢谈论自己。让他谈自己也给你一个机会去发现和他们的共同点，拉近关系，增大销售的成功率。

秘诀六 说服客户要有正当的理由

好人缘秘诀：在犹豫不决的时候，若有人帮忙找了一个正当的理由并在背后推了一把，便会像是顺水推舟一样地直接往目标前进了。

关键词：正当理由

想要怂恿顾客、让他同意某件事情时，可以先准备好一个正当的理由。因为顾客在迷惑的时候，若有个正当的理由，便可以断然进行。

例如，某位太太正在犹豫着要不要购买一颗高贵的宝石。"这种类型的钻石，在全球是很稀少的。出席您先生公司的创立纪念宴会时戴上这颗钻石，是非常耀眼的。这样也是给您的先生脸上添光呢。不但很适合您，您的先生应该也会很满意的。"宝石店的销售老手这么一说，这位太太便会这么想："是啊，不戴一颗这么高贵的钻石是很丢脸的，也会让老公脸上无光。就要定这个了。"

因为有正当的理由，原本犹豫着要不要买的内心，就会变得坚定。而商店方面因为帮顾客找了一个正当的理由，所以成功地完成了交易。这个"正当理由"的原理，可以应用在许多方面。

例如，劝诱已婚妇女消费还差一步就会成交时，这么推一把的话："你一直为了丈夫和孩子们辛苦付出，偶尔也要对自己好一点。就当作是给自己的奖励，好好地享受一次吧。这是给你的奖励啊！"因为"给我自己的奖励"这个正当的理由，生意成交的可能性就会提高很多。

实际上人经常会给自己建立一个正当的理由，来下定某种决心，或者进行什么事情。

所以，在犹豫不决的时候，若有人帮忙找了一个正当的理由并在背后推了一把，便会像是顺水推舟一样地直接往目标前进了。

第二篇

如何赢得好人气

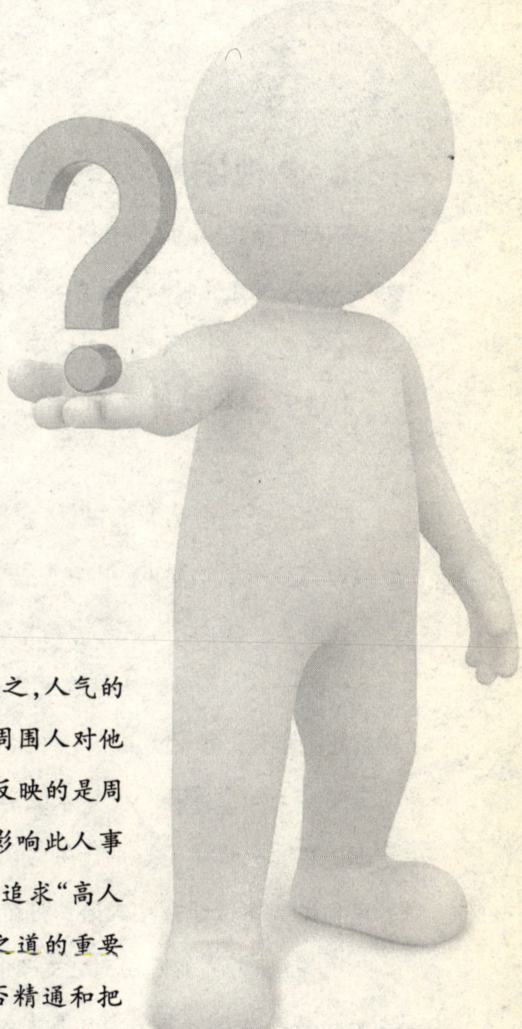

对人气的理解，可能相对容易。简言之，人气的高低，就是一个人对周围人的吸引力，和周围人对他口碑的赞誉度。人气是一个人的“牌子”，反映的是周围人对他的认可，这种认可很大程度会影响此人事业的景气程度。因此，当今社会人人都在追求“高人气”。而怎样营造人气，则是人道，即为人之道的重要问题，善为人者，人气的高低，始终与是否精通和把握为人之道的要义密切相关。所以只有把握好了为人之道，人气才能兴旺，事业才会更加景气。

第七章

高调做事提升人气的八个秘诀

秘诀一 视困难为挑战

好人气秘诀：成功人士都执著地追求事业，把全部的精力只集中于一点，好像有一股看不见的神秘力量在指引着他们，而其所作所为不过是顺应内心深处的启示而已。

关键词：挑战困难

只要一个人有远大的目标，通过坚韧不拔的决心，加上持之以恒的努力，就没有完成不了的事。

许多人一事无成，就是因为他们缺少雄心勃勃、排除万难、迈向成功的动力。不管一个人有多么超群的能力，有多么聪明、谦逊、和善，如果他缺少人生的目标，他将难有成就。

成功人士中，几乎没有人能解释清楚为什么自己会执著地追求事业，把全部的精力只集中于一点。好像有一股看不见的神秘力量在指引着他们，而其所作所为不过是顺应内心深处的启示而已。

约翰·坦普顿的高中时代是在田纳西州的曼彻斯特度过的。他的心里经常梦想着有朝一日要成为一家大公司的领导者。虽然这只是一名 17 岁男孩的梦，但却是其人生目标的萌芽。

进入耶鲁大学后不久，他的兴趣就从经营一般企业转移到研究评估公司财务上了。

大学二年级时，他的父母由于生活拮据而无法继续供他念书，迫使他陷入不知该休学就业还是该半工半读的窘况。

要作这个决定非常困难，但约翰因为有自己的梦想，因此他很快地就作出决定：无论如何都要坚持到毕业。后来他也真的做到了。他不但每学期都有优异的成绩，而且也利用奖学金及一份兼职工作解决了学费与伙食费的问题。

3年后，他除获得经济学士的学位外，同时还获得著名的路德奖学金，并取得全国优等生俱乐部耶鲁分会会长的头衔，以极其优异的成绩毕业。以后的两年，他前往英国牛津大学进修硕士。此行对于他将来从事财务经营有很大的影响。

约翰回到美国后，便与一名田纳西女子结婚。随后，他前往纽约，正式开始追求自己的目标。他的起步是就职于一家颇具规模的证券公司，他在里面的职位为投资咨询部办事员。

不久，朋友告诉他一家公司正在招聘年轻上进的财务经理。这家公司的名称是“国家地理勘察公司”，是一家石油勘探公司。约翰听说后就来到这家公司应聘，他认为这家公司可以让他进一步学到许多有关财务经营方面的东西，于是他就进了这家公司，一做就是4年。

4年之后，虽然这家公司业务非常稳定，而他的表现也不错，但是他觉得能学的也学得差不多了，他又开始怀念起老本行了。于是，一咬牙，他又回到了早先的那家公司工作，并等待机会。

最后，机会终于被他等到了，一名资深职员即将退休，这个人拥有8个相当有实力的客户，欲以5000美元出让。这对约翰来说是相当大的赌注，5000美金相当于他的全部财产，若此举失败，他将会一无所有，而且这些客户接手下来之后，能不能留住还是问题。这时约翰再一次面对重大的决策。

最后，他一心想自立门户的决心战胜一切，他接下这8名客户，并且立即前往拜访，十分坦率而且诚挚地向他们说明自己的理想与计划，客户们都被他的热情与直率感动了，都表示愿意留下来观察一段时间。当时的约翰才28岁。

两年的岁月很快就过去了，约翰几乎每天都在为员工的工资和管理费用忙得焦头烂额，有时他连自己的薪资都拿不出来。两年之间，公司就是在这样的窘境下惨淡经营着。虽然如此，公司要求的服务品质并没有降低，反而愈来愈高。

熬到第三年，终于苦尽甘来，公司业务开始蒸蒸日上，客户也显著增加，约翰自立的梦想终于落实在现实的生活之中。今天，他已经是一家投资咨询公司的总裁，拥有将近一亿美元的资产，并兼任某大型互动银行的常务董事及数家公司董事。

于是，一名17岁高中生的梦想在不到40岁前实现了。

希尔博士曾这样说过："我们要用强烈的成功意愿去磁化我们的大脑。这一磁化过程，能帮助我们吸引周围更多的人和物，并用这一强大的助力去完成大业。"这就是所谓"金钱意识"的运用要诀。

秘诀二 处世乐观，积极向上

好人气秘诀：那些处世乐观、积极向上的人，总有用不完的精力，他们神情专注、精神愉快，并且主动找事做，所以事业能够越做越大。

关键词：积极向上

行动能够让很多人实现他们的愿望，从芸芸众生中脱颖而出。如果人们都能全身心地投入到自己的工作中去，即便是能力一般的人，也能取得很好的成绩，即使是那些令人厌烦的人，也会使人改变对他的看法。

每一个老板都觉得勤勤恳恳、全神贯注、充满热情的员工更有价值，每一次晋升对他们都是莫大的鼓励。这些员工的积极心态也常常感染上司，上司也知道，这样的下属在尽力帮助自己，并且对那些喜欢逃避责任的员工也是一种激励。

另一方面，在那些冷漠、粗心大意、懒惰的员工的影响下，老板自己也会感到压抑、对工作失去信心，存在一种随遇而安的心理。因此他会自觉地与有好心态的员工在一起，关心他们的生活，对那些不专心工作、开脱责任、不注重实绩的员工，有一种本能的排斥心理。

对工作的不同态度：或一心一意或三心二意，或充满热情或不以为意，或专注投入或不以为然，其最终的结果有着天壤之别。

当一个人喜爱他的工作时，你可以一眼看出来。他非常投入，其表现出来的自发性、创造性、专注和谨慎，十分明显。而这在那些视工作为应付差事、乏味无聊的人身上是根本看不见的。

这样的情形在办公室、商店、工厂里也经常见到。一些职员总是拖拖拉拉的，似乎连走路都要费很大的劲，让人觉得生活仿佛是一个很大的负担。他们讨厌自己的工作，希望一切都快些结束，他们根本就不明白，为什么别人能充满热情、干劲十足，自己却总是觉得什么都单调乏味。看着这样的职员，简直就是受罪。

作为一个企业家，爱迪生是属于实干型的。23岁时他开办工厂，招募了一批工程师、工匠，层出不穷地推出各种电气发明，这些人都热爱自己的工作，迷恋自己充满创造力的头脑和双手，每一个都是名副其实的工作狂，而爱迪生是“超级工作狂”。他每天的睡眠时间不到4个小时，他的办公室就在工厂一角，每当完成一项发明，他就站起来，跳起非洲大陆的原始舞，嘴里还念念叨叨：“这么简单的解决办法，怎么原来没想到。”这已经成了一种标志、一种信号，工人们看到老板跳舞就围过来了，他们知道又有新鲜事可做了。订单像雪片一样地飞来，在不断增加人手的情况下还要日夜开工。工人们没有抱怨，共同的兴趣在他们和爱迪生之间建立了友谊，何况这个不吝金钱的老板经常用金钱奖励他们。

那些处世乐观、积极向上的人，总有用不完的精力，他们神情专注、精神愉快，并且主动找事做，所以事业能够越做越大。

秘诀三 乐于操心身边的事

好人气秘诀：始终要记住：邻居的房子着了火，如果你坐在那里看他一个人救火，那么，不久之后，你就会忙着救自己房子的火了。

关键词：乐于操心

“事不关己，高高挂起”是很多中国人的处世信条，他们总是在强调“独善其身”，总是在重复着“只扫自家门前雪，不管他人瓦上霜”的行为，并时时会为这种“识时务”而沾沾自喜。如果你仍然抱着这种态度来经营自己的企业、面对他人的危机，那么，这不但无法使你远离灾难，反而会将你推入万丈深渊，无力自救！

汾酒作为我国著名的白酒老字号品牌，曾为中国八大名酒之一，一直在白酒业处于遥遥领先的地位。可是，自从 1998 年山西假酒案发生之后，汾酒便一蹶不振，销量与当初不能同日而语，价格也在不断下跌。

很多人提到汾酒时，都认为是假酒害了这家企业，可事实上，真正害了这家企业的恰恰是企业经营者那种只要“事不关己，便高高挂起”的心态。

当山西朔州最初发生假酒事件时，表面看上去似乎与汾酒毫无瓜葛。仅仅是事件发生地点与汾酒生产地恰恰在同一个地方罢了。于是，汾酒企业的经营者们便因此认定此事与自己无关，无须理会，所以并未有所行动。

然而，这种心理不但无助于汾酒渡过这场危机，反而在后来发现假冒汾酒时，让企业的经营者们处处被动，直至逐渐走向下坡路。

当时，“假汾酒”被查出来，消费者便炸开了锅——消费者不知道此“假汾酒”非彼“假汾酒”，但是他们却知道，喝“假酒”轻则失明，重则死亡，有谁还敢喝？汾酒企业的经营者直到此时才开始着急，开始声讨制假、贩假者，开始要求加强法制建设。但是，这种着急是为自己着急，不是急消费者所急，所以消费者不会领情，不会觉得汾酒是一个贴心的企业。

一部分经营者在处理企业问题时便持这种心态：当同行或竞争对手发生危机事件时，只要这个事件不会影响到本企业的经营和生产，他们就会认为这个危机与自己无关，从而任由事态发展而不去理睬，或抱着隔岸观火的心态，在一旁幸灾乐祸，有些行为恶劣的甚至还会落井下石。

粗略一想，这些危机和本企业的发展没有任何关系，但是，身在同一个行业，很多企业通常都是一荣俱荣、一损俱损的，特别是当一些会影响到整个行业形象的危机事件来临时，如果处理不当，隔岸观火者也很有可能成为众矢之的。

相比之下，古井贡酒的做法要明智得多，其董事长早就借着假酒事件在报纸上发表了一封公开信，指出中国白酒行业应该以立法的形式来杜绝造假这股不正之风，并表示将为假酒事件受害者家属捐助 20 万元人民币的抚恤金，同时告诫消费者在购买白酒时要谨慎。

这一举动在社会各界引起了很大的反应，各大报纸纷纷转载古井贡集团董事长的信，3·15 专题节目也对该董事长进行了专访。这时就算市场上发现古井贡假酒，相信消费者的同情也会多于抵制。

许多领导者都是幸灾乐祸的时候多于承担责任的时候，当危机事件事不关己时，他们就会坐视不理，任其恶化；而当危机事件危及到自身时，他们最常做的就是推卸责任，急着告诉大家，“那不是我做的”——这是多么不负责任且自私的态度！

正确的方法是你始终要记住：邻居的房子着了火，如果你坐在那里看他一个人救火，那么，不久之后，你就会忙着救自己房子的火了。

秘诀四 无论做什么事都要全力以赴

好人气秘诀：只要认定一个目标，并朝着这个目标全力以赴地去努力，就一定会成功。没有全力以赴的拼搏精神，是什么事情都不可能干成的。

关键词：全力以赴

每个人都懂得应该全力以赴，而更多的人想到的是能偷懒就偷懒。

盛田昭夫第一个实现了日本企业国际化的梦想，索尼成为一个庞大的国际化电子厂家，是仅次于日本松下、德国西门子、荷兰飞利浦公司的第四大电子公司。盛田昭夫也因此得到英国皇家学院授予的阿尔伯特勋章，并荣登美国《时代周刊》的封面人物。

就是这样一名出色的企业家，他对自己的要求向来都是全力以赴。不仅如此，他对自己员工的要求也是全力以赴。他说：“当你30年后离开我们公司，或者离开这个世界时，我不希望你后悔把宝贵的岁月荒废在这里，否则那将是个悲剧。”

盛田昭夫在青少年时代就很喜欢电子产品。日本在第二次世界大战中失败了，战争刚刚结束，他就想去东京发展，父亲说他：“就凭你们几个毛头小子还想从帝国的废墟上培植出鲜花来？”盛田昭夫没有听父亲的话，他和他的老师一起来到了东京，离开了自己的事业。他们以500美元起家，在战争的废墟上成立了东京通讯工业公司，这个公司就是索尼的前身。

盛田昭夫在索尼的发展历程中，将重点放在了创造市场上，而不是夺得市场。这是和其他经营者的主要区别。一般的经营者都是按照市场的需求来指导自己的经营方向，盛田昭夫不是。他全力以赴的目标是将自己的产品打入市场，让这个市场为自己的产品而动，而不是自己的产品随市场而动。要做到这一点，还是有很大的难度的。但是盛田昭夫一点都不灰心，他认为，只要认定一个目标，并朝着这个目标全力以赴地去努力，只要他的员工愿意努力，多付出的部分一定会得到补偿的。

当需求随着盛田昭夫的新产品问世而出现的时候，盛田昭夫就已经成功了。盛田昭夫告诉员工，要不断地开发和研究新的产品，并在整个过程中，让新的产品不断地增加。

为了创新，盛田昭夫总是付出了很多的代价，比如，盛田昭夫计划用产品来领导潮流，也要为新的产品做好准备。盛田昭夫的公司要生产一些在市场上从来都没有销售过的产品，也就是从来都没有被其他公司生产过的产品。在盛田昭夫的领导之下，公司每天可以推出 4 种新的产品，每年可以推出 1000 种。在创造和推出新产品的问题上，盛田昭夫从来都是全力以赴的。

其他的竞争者们都是抱着看好戏的态度在观望，索尼公司常常是独占市场一年多以后，其他的公司才会相信该产品会成功，于是其他品牌的同类产品也随着上市了，这期间索尼公司已赚了大把的钱，并且又有了新的创新、新的产品问世，又会以新的产品重新占领市场。

盛田昭夫一旦有了自己的想法，他就会立刻和技术人员一起研究其可行性。盛田昭夫对技术人员说他要袖珍性质的，要实现的性质却是和那些大块头一样的功能。很快，这样的产品就出现了，同时这样的产品也给盛田昭夫以及他所管理的公司带来了巨大的利润，这种产品就是我们今天用的袖珍型照相机和录影机。在这个基础上，盛田昭夫不断地告诉他的员工，努力工作，千万不要满足于现在，要变化，不仅工艺领域如此，而且人们的观念、见解、风尚、爱好和兴趣也是如此，任何企业如果不善于领会这些变化的意义，就不会在商界生存，在高技术的电子领域尤其如此。

除了不断地开发新产品之外，盛田昭夫对于努力工作还有新的解释。比如对未来工作的合理判断、对现在的把握。一个企业家之所以能做大，是由很多方面决定的，盛田昭夫的目标很简单，但是实现起来也有一定的难度。没有全力以赴的拼搏精神，是什么事情都不可能干成的。

秘诀五 永不停息地向前走

好人气秘诀：天下事，并非是在人们的头脑中算计出来的，而是一步步走出来的。世上并不缺少有才有智的聪明人，倒是缺少一步不停、勇于实践的简单者。”

关键词：永不停息

美国前总统福特说：“据我观察，大部分人都是在别人荒废了的时间里崭露头角的。”

人生在世，时间对任何人都是同样的。在同等的时间里，有人早早地拥有了自己该拥有的，有的人却在掂量、计算中消耗掉了本该属于自己的东西。一位哲人说得好：“天下并不缺少有才有智的聪明人，他们的复杂往往使他们并不一定能干成大事，倒是缺少一步不停、勇于实践的简单者。”

4 名外地青年决心来北京卖陶瓷。他们是吴军、李建平和农民蔡阳、高小麦。4 个人的想法十分简单，陕北的陶瓷历史悠久，很被北京人看重。一个月只要卖 5 件，就能在北京站住脚，生存发展大概没有问题，最终将实现自己的创业梦想。只是，这个想法既缺乏市场调研，也没有资料考证……

4 个人只是定了在北京的生活标准，每人每天不超过 10 块钱。他们不知道，如此低廉的标准，在北京根本无法生存。4个人就这样到了北京，显然他们把什么都计算错了，北京人通常只到正规的瓷器店买瓷器，对摆在地摊上的货色一向心存疑虑。4个青年碰壁后，便兵分几路，吴军开始跟人去做室内装修，当小工。蔡阳到了早市，靠着身上的400块钱贩菜卖菜，李建平去了建材城，做了一名搬运工，高小麦为水站蹬三轮送纯净水。

尽管4个青年各奔东西，但为了省钱，他们还是住在一起，4人租了一个9平米的小房。为节约开支，他们不管多远，每晚都坚持回到自己的住地做饭吃，生活的艰苦可想而知。然而两年后，他们都有了起色，农民蔡阳在早市上已经成了蔬菜批发商，吴军也有了自己的小装修队，高小麦竟然自己办起了送水站……

他们不但比普通的北京市民过得好，而且都明确地有着自己的生活方向，很有奔头。虽然说不上是雄伟的事业，但他们发展得如此迅速，还是让人感到前途无量。

大约是在4个外地青年进京的同时，7位北京青年开始了奔赴陕北的闯荡。他们都是大学毕业的高材生，其中两人拿过世界大学生发明奖，5人有自己的发明专利，总之都是佼佼者。在他们身后，还有大牌的赞助商支持，只要有好的选题，赚钱的项目，一切便不在话下。

7个人用了4个月时间跑遍了陕北，吃喝住行花掉了5万元。考察调研了19个项目，可行性报告写了27份。然而经过左右权衡，仔细分析，他们总是觉得这些项目各有不妥，不是风险太高，就是投资成本回收太慢，其中有两个项目在他们犹豫不决时，又被当地人先行一步立了项。

定不下合适的项目，他们在陕北一共待了9个月，花掉资助费14万元。最终放弃陕北，两手空空地回到北京。

英国设计师凯蒂，一直梦想着盖一座世界上最高的顶尖级建筑，这是他毕生的理想和追求。为此，他用数十年准备了关于高层建筑的理念，又鉴定了什么样的材料最为合适，图纸画了上万张。在他无休止地推敲与延误中，美国、新加坡等国先后盖起了自己的摩天大楼。凯蒂到死也没有实现自己的愿望，他的理想还是一堆图纸。

世上有多少可能成为英雄豪杰的人，他们都是误在了“算计权衡”的拖延中，他们共同犯的错误，就是对事物斟酌的时间过于漫长，把利益得失估价得过于细致。天下事，并非是在人们的头脑中算计出来的，而是一步步走出来的。

秘诀六 借助他人之力发展自己的事业

好人气秘诀：善于借助他人力量的人，影响力大，人气旺盛，事业成就也大；反之，凡事都不放心，凡人都不放心，最后必然成为孤家寡人，难成大事。

关键词：借助外力

做人的成与败，取决于我们在个人生活中和事业中的成败。那么在现在的社会中，与人合作、共同发展已经成为一种趋势，如此才能避免失败，从而获得成功。

江西某地一家个体民营建筑公司的老板，十年前靠朋友、同学帮忙，白手起家成立了一个工程队。那时他还能与工友们称兄道弟，几年后当他拥有一定数量的固定资产，便开始摆起老板的架子。而工友们不仅在各项待遇上（工资、福利、升迁等）没有丝毫变化，就连顺路搭他的车回家都不行。

不久，那些同他一起创业的工友们便纷纷弃他而去，在临走前还有人给他放了一把火，致使他损失惨重，从此一蹶不振。

试想，谁愿意自己拼命保全的人竟是一个忘恩负义的小人呢？如果一个人背上不义的骂名，就没有人会为他效力，“光杆司令”是干不成事的。

合作是一件快乐的事情，有些事情只有人们相互合作才能做成。而所有成功人士都有一个共同之处，就是他们都注重团结协作。

其实，很多时候与人合作，并不意味着自己吃亏。因为与人团结协作就是壮大自己，与人团结协作也就是帮助自己。

有一个人被带去参观天堂和地狱，以便比较之后能聪明地选择他的归宿。他先去看了魔鬼掌管的地狱，第一眼看去令人十分吃惊，因为所有的人都坐在餐桌旁，桌上摆满了各种佳肴，包括肉、水果、蔬菜。然而，当他仔细看那些人时，他发现没有一张笑脸，也没有伴随盛宴的音乐或狂欢的迹象。坐在桌子旁边的人看起来沉闷、无精打采，而且皮包骨头。这个人发现每个人的左臂都捆着一把叉，右臂捆着一把刀，刀和叉都有 4 尺长的把手，使人们不能用它来自己吃东西。所以即使每一样食品都在他们手边，结果还是吃不到，一直在挨饿。

然后他又去天堂，看到的却是另一番景象：同样的食物、刀、叉与那些 4 尺长的把手，然而天堂里的人都在唱歌、欢笑。这位参观者困惑了。他怀疑为什么情况相同，结果却如此不同。在地狱的人都挨饿而且可怜，可是天堂的人吃得很好而且很快乐。最后他终于看到了答案：地狱里每一个人都试图喂自己，可是一刀、一叉以及 4 尺长的把手根本不可能吃到东西；天堂里的每一个人都是喂对面的人，而且也被对面的人所喂，因为互相帮助，结果也帮助了自己。

这个故事给我们的启示应该很明白：如果你帮助其他人获得他们需要的东西，你也因此而得到想要的东西，而且你帮助的人越多，你得到的也越多。

俗话说："一个篱笆三个桩，一个好汉三个帮。"中国上下 5000 年，古人尚能认识这些道理，何况社会发展到今天呢？

其实，大到一个国家，小到一个单位、一个企业的兴衰，莫不如此。善借助他人力量的人，影响力大，人气旺盛，事业成就也大；反之，凡事都不放心，凡人都不放心，最后必然成为孤家寡人，难成大事。

秘诀七 将挫折当成一种鞭策

好人气秘诀：如果被挫折所吓退，就不可能做成想做的事情。那些成功人士，会将挫折当成一种鞭策，激励自己勇往直前。

关键词：积极态度

成功的人态度积极，旁人也会感觉得到，于是都乐意帮助他们实现梦想。

有一个人叫乔·巴普，母亲是裁缝，父亲是穷工匠，他在纽约市贫民区的学校半工半读念完高中。他热爱戏剧，非常渴望能去看一场百老汇的表演。他办了一个剧团，先是在一个露天剧场表演。剧团初期演出莎士比亚的戏剧，很受观众欢迎，却没有剧评家来观看。他想，要是没有宣传，又怎会有人肯捐助演出经费呢？

因此有一天，他找上了《纽约时报》，指名要叫戏剧评论家布鲁克斯·艾金生去看他的戏。艾金生的助手亚瑟·吉尔布说他要见的剧评家当时正在伦敦。

“那我就在这里等艾金生先生回来。”他坚决地说。吉尔布于是请他说明来意。这位工匠的儿子激动地说他剧团的演员如何优秀，观众的掌声如何热烈，又说他的观众大多数是从未看过真正舞台剧的移民，如果《纽约时报》不写剧评介绍他的戏，他就没有经费再演下去了。吉尔布看到他这样坚决，大为感动，同意当天晚上去看他的戏。

吉尔布到达露天剧场时，天上乌云密布，中场休息时，滂沱大雨把舞台浸湿了。他一见吉尔布跑开去避雨，就赶上前说：“我知道剧评家通常是不会评论半场演出的，不过我恳求你无论如何破个例。”

那天夜里，吉尔布写了一篇简短的介绍，对那半场戏给予颇多好评，又提到剧团急需资助。第二天，就有人给剧团送去了一张750美元的支票。在1956

年，这笔钱已足够剧团继续演出这场戏，一直到夏季结束。艾金生从伦敦回来后，去看了这场戏，并在他的星期天专栏里大赞这出戏。

没多久，乔·巴普就开始经常在纽约各处免费演出莎士比亚名剧。他于1991年去世，死前一直是美国戏剧界深具影响力的人物。他曾说过，他坚持不懈是因为他深信戏剧对人们的生活很重要。如果你不相信这一点，那么就此放弃算了。

如果被挫折吓退，就不可能做成想做的事情。那些成功人士，会将挫折当成一种鞭策，激励自己勇往直前。

秘诀八 坚持不懈地追求自己的卓越目标

好人气秘诀：一个人拥有人气的秘诀就在于他的目标，他对目标的坚持、努力等很多因素。只要持不懈地追求自己的卓越目标，一定会有好人气。

关键词：追求目标

每个人都有自己的目标，包括穷人和富人。为什么有的穷人最终变成了富人，为什么有的富人最后变成了穷人？其实，原因就在于有没有坚持不懈地追求自己的卓越目标。

比尔·盖茨是大家都很熟悉的富翁，他在1992年就成了世界首富。当我们惊叹比尔·盖茨如此年轻就能拥有惊人的巨额财富的时候，不知道有没有想过，其实比尔·盖茨也曾经和我们一样一名不文。那么是什么使他变成了拥有如此多财富的富人呢？请看比尔·盖茨的格言："我应为王。"他曾经对他童年时代要好的朋友说："与其做一棵绿洲的小草，还不如做一棵秃丘中的橡树，因为小草毫无个性，而橡树昂首天穹。"

正是因为这种争做第一的目标，使比尔·盖茨一直以来都有着强大的动力。他一直坚定地相信自己是一名亿万富翁，关于这一点，他曾经说过这样一句话："你们把我身上的衣服剥得精光，然后把我扔到一个孤岛上，但只要有两个条件——给我一点时间，并且让一支船队从岛边经过，那样用不了多久，我就会成为一个新的亿万富翁……"

由此看出，盖茨在小的时候，就有一种执著的性格和想成为大人物的强烈欲望，有着赚大钱的卓越目标。当时的盖茨表现在学习上，任何事情，不管是演奏乐器还是作文，除非不做，否则他都会倾其全力花上所有的时间来完成。

童年的比尔·盖茨在小康的家庭环境下，很早就表现出了与众不同的性格，只要他想做的事情，就一定要做到最好，如果是与别人比赛，就非得胜利不可，认定了的事情，任凭别人说什么，他都要全心拼到底。在学校里，他的进取精神也是整个年级赫赫有名的，几乎没有一个同学能比得过他。

比尔·盖茨追求卓越的做事方式，吸引了同样是"电脑迷"的保罗·艾伦，两人经常在湖滨中学的电脑上玩三连棋的游戏。那时候的电脑就是一台PDP8型的小型机，学生们可以在一些相连的终端机上，通过纸带打字机玩游戏，也能编出一些小软件，诸如排座位之类的，小比尔做起来得心应手。

后来，保罗拿来一本《电子学》的杂志，指着一篇只有十几个段落的文章，对比尔说，有一家新成立的叫英特尔的公司推出一种叫8080的微处理器晶片。两人不久就弄到晶片，并设计出一台机器，可以分析城市内交通监视器上的资讯，于是又决定成立了一家命名为"交通资料公司"的公司，不过，两位少年的游戏很快结束了。后来比尔·盖茨考上大学后，保罗则在波士顿一家叫"田井"的电脑公司找到了一份程式设计的工作，两位伙伴经常会面，探讨电脑方面的事情。比尔·盖茨就是在那个时候为自己确定了今后的目标，他在新晶片背后已经看到了对每个人来说堪称是完美电脑的辉煌前景：个人化、适应性强而且最重要的是不超出个人购买力。一句话，英特尔的8080晶片将改变整个工业结构。

很多人都把比尔·盖茨当成了“神”。当我们从他的童年分析到后来的成功，我们不难发现，他曾经也和我们一样平常，但是他之所以成为富人就在于他的目标，他对目标的坚持、努力等很多因素。

赚大钱的强大目标、执著的性格和成为大人物的强烈愿望，使比尔·盖茨凝聚了众多的英才，这就是他成功的关键之所在。

第八章

低调做人提升人气的七个秘诀

秘诀一 时时留心学习别人的长处

好人气秘诀：人各有所长，智慧也各有高低，因此应该时时留心学习别人的长处。一个人只有放下身段，保持谦逊，对方才会感到很有自尊。

关键词：学习长处

生活中一些不懂装懂、好为人师的人，就是把自己看得太能耐，这样做的结果就是自以为了不起，这种人只会使人讨厌、厌恶而已，即便你真的很有才，也不能恃才傲物，显得自己很了不起。可以说，这是吸引他人追随你的必须的态度。

在生活中，我们常犯这样的毛病，喜欢对别人指指点点，说这不好，说那不对，应该这样，应该那样，俨然一副导师的样子。其实这种好为人师、喜欢指指点点的毛病，不但无意中伤了别人，让人觉得难堪，也在不知不觉中为人所厌恶。

因此，不要轻易在别人面前指指点点，将自己当做高明的人，这样做，既伤害了别人的自尊，同时也招致了厌恶。

孔子说："三人行，必有我师焉。"这句话的意思非常实在，因为人各有所长，智慧也各有高低，因此人们应该时时留心学习别人的长处，因此孔子这句话也是很有人生价值的。在人群中，你以别人为师，除了可以增进自己的成长之外，也可以让对方感到开心。

有一种人，喜欢指正别人的缺点，例如交友方式啦、衣服发型啦、教育子女的方法啦，将自己的意见强加给别人，还自以为很高明，沾沾自喜。这种人可能是善心好意，觉得应该把别人的缺点和错误指出来。却不知这种自以为是、认为别人观念有问题、只有他的观念才对的方式，已经侵犯了人家，在不知不觉中将自己的审美观、价值观强加在别人身上，无意中伤害了别人的感情。

因此，需要注意的是，不管你基于什么心态，也不管你的意见是对还是错，是好还是坏，一旦你口无遮拦、很冒失地说出来，就犯了一个忌讳：侵犯了别人，伤害了对方的感情和自尊。

一般来说，每个人都有自己的审美价值观，这些审美观和价值观组成了一个敏感的自我。你若不了解这一点，轻易地指出你自以为是的他的错误的那些事情，他会明显地感受到你对他的侵犯，他的自尊受到了你的伤害。因此有可能他不但不接受你的“好意”，还会对你产生厌恶。尤其在工作方面，你指指点点的样子，根本就是在否定别人的智慧和能力，这样只会让别人更加讨厌你。

常常说些类似“我自己也没有什么了不起的，而你也是差不多的吧”等，让对方产生亲切感的话语。

一个人能放下身段，保持谦逊，对方会感到很有自尊的。所以可以很乐意地告诉你他所知道的，你也因此可以获得超乎期待的资讯，还可以做到笼络他人，可以说是一举多得。

秘诀二 善于倾听，让对方先开口说话

好人气秘诀：侧耳倾听，是拉近与他人距离的重要技巧。因此，要想人气旺，就应当一名优良的听众，做一个善于让对方开口说话的人。

关键词：善于倾听

当一名优良的听众，也就是当一名善于让对方开口说话的人。首先要听别人说话，这是了解别人的第一步。

只有幼儿园的小孩子和不懂世事的人，才会只说自己的事情而不愿倾听他人说话。

尤其是最近，总觉得不愿意听他人说话，而只想要别人听自己说话的人是越来越多了。就因为这样的人增加了，能够侧耳倾听，便成了拉近与他人距离的重要技巧。只是听对方说说话而已，我们便会有好心情，而且会对倾听自己说话的人带有好感。

接受心中有烦恼或者情结的人来咨询的心理医生，便是彻底地担任起倾听者的角色。提供建议也只是局限在最小限度，而将大部分的时间都用在了听对方说话上。

在说话中，对方可以整理自己的心情，还会因为有人倾听并且理解自己，而产生一份安心感，内心也可以得到抚慰，从而可以打起精神。

有的时候就只是因为这样而使问题得到解决、烦恼消失，所以倾听的力量是不容忽视的。然而事实上这并非心理医生的特殊技术。

当我们有什么烦恼的时候，就只是因为朋友或亲近的人倾听自己说话，心中便舒畅许多，相信这样的经验许多人都曾经有过。通过敞开胸怀说出来，有时候便可以抓到解决问题的线索，内心变得更加舒畅。

与人见面说话时，首先就是避免“我如何如何”的自我意识，而是倾听对方说话，将重点放在“倾听”上。不妨说：“昨天有这样的事情，你觉得如何？”等等，制造让对方开口的机会，这也很重要。

仔细听他说话，便可以发现对方所关注的问题。如果一边以“嗯，嗯”回应对方的谈话，但一边却在想别的事情，这样的话就太可惜了。特别是当对方正在用心说话的时候。

你要专心地听别人说话。这样一来，对方的想法、知识、感受等就会显现出来。或者其中大多是无趣、陈词滥调的想法，到处都有的资讯或者平凡的感情也说不定，因此，无论多么愚蠢的人，总还是有可能说出一两个令人刮目相看的想法的。

能够侧耳倾听，成为一名优良听众，知识和资讯就会自然地向你靠拢过来，你也一定会有意想不到的收获的。

秘诀三　暗中积蓄力量，练好自己的“内功”

好人缘秘诀：练好自己的“内功”，暗中积蓄力量，一旦时机成熟就采取行动，想不成功都难。

关键词：暗中积蓄

做人不能没有骨气，奴颜媚骨的人只会遭人唾弃；同时，做人也绝对不可有傲气，傲气是人际关系的大敌。

看看吧，一些拼命外显的人，由于没有“内功”的支撑，很快就会趴下。武侠小说中的真正高手，根本不用那些纷繁复杂的花架子招式，一招就能将对手制伏。凭的是什么？凭的就是其深厚的功力。做人也是这样，只有练好自己的“内功”，暗中积蓄力量，一旦时机成熟就采取行动，想不成功都难。

在演艺界，昙花一现的艺人很多，但是像刘德华这样持续走红20几年的极其罕见。香港坊间有种说法：你可以不认识特首，但是绝对不可以不认识刘德华。2001年、2002年刘德华以一票之差错失金马大奖，不知有多少人为他鸣不平，2004年，3次获得金马奖提名的刘德华终于凭借《无间道3》获得了影帝称号。

从1984年进入乐坛开始，到2000年4月，刘德华史无前例地得到292个乐坛奖项，平均每年拿18个奖。

刘德华凭什么红足20几年？他的粉丝会不假思索地说："勤奋、形象正面、靓仔。"这些年香港娱乐圈的负面新闻接二连三，数不完的各类案件牵涉多位艺人，有吸毒行为的艺人更是不在少数，这一切都与刘德华不沾边，多年来他一直保持着健康、正面的公众形象，发挥自己的感召力。

成名前的刘德华一天到晚时间都排得满满的。艺员培训班的日子在刘德华眼里闪着七彩的光芒和希望。毕业后的刘德华签约无线电视台，但是一切并不如他想象的那样顺畅。

"365个跑龙套的日子，我一直沉着气，没有气馁。我需要耐心地等待机会。"

一个《夜来香》的音乐录影带，刘德华在里面做角色甲；周润发主演的《鳄鱼潭》需要演员一名，也是刘德华。就是因为这个小角色，就是因为跟这些大明星有过合作，刘德华得来了他的第一个主角。制片人说：周润发、林子祥差不多同时在我面前提起你，说有个小子很不错，叫刘德华，外形讨好，做戏也不差，最重要的是他很拼命，工作态度一流。

刘德华的处女作《投奔怒海》不仅引起了观众广泛的认同，也引起了影评界的极大关注，创下1500万港元的票房纪录。这个数字在20世纪80年代初，几乎是一个天文数字，全香港，只有李小龙、成龙等人曾经打破这一纪录。作为片中两个男主角之一，刘德华的名字一夜间红遍大江南北。

这一红，就是20几年。

有人曾调侃过经常和刘德华搭戏的郑秀文，问她在选男人时会不会选刘德华这种类型的，郑秀文连连摆手加摇头："啊呀，不要不要，他太完美了！一个男人又帅，又有钱，又体贴，人又好，又努力，还是零绯闻。跟他在一起会有好大压力，太担心每天围在他身边的女人了。"

在演艺圈里，"赚钱"很容易，"赚口碑"很难；"做戏"很容易，"做人"很难——你要对得起观众，对得起老板，对得起媒体，很多时候甚至要对得起小人。这些，刘德华都做到了。

秘诀四 人际交往中要给自己留有余地

好人气秘诀：无论办什么事，都要极力避免无谓的争论，使自己、对方，甚至双方都能获得更大的回旋空间，从而减少和避免一些不必要的摩擦和伤害。

关键词：留有余地

在人际交往中，我们常常会发现，有的人能够在交际圈内进退自如，有的人却常常被动，进退维谷。其中原因可能是多方面的，但无疑与他们不善于在人际交往中留有余地有一定的关系。所谓"留有余地"，就是在人际交往中采取"以退为进"的策略，使自己、对方，甚至双方都能获得更大的回旋空间，从而减少和避免一些不必要的摩擦和伤害。

古人说："夫唯不争，故天下莫能与之争。"无论办什么事，都要极力避免无谓的争论，这也是为自己留好退路的表现。比如在答应别人时，注意使用"模糊语言"，以便自己赢得主动。有的人在答应别人时，总是言之凿凿，肯定而又具体。这其实也不是坏事，如果自己对答应别人的事确有把握，确信能够如期实现，有何不可？但问题是，由于事情的发展并不总是以自己的主观意愿为转移，有时会出现一些“意外事件”，结果使自己答应对方的事无法实现，给对方以“言而无信”的印象，影响了人际关系的和谐。

在拒绝别人时，不妨先拖延一下，以便使自己“进退有据”。有的人在面对别人的求助而自己又确实无能为力，或因事不正当自己不愿出力时，往往不做解释，一口回绝，显得生硬而不友好，常常让对方产生“不够意思”、“不愿帮忙”的想法。因此，我们在拒绝别人时，最好不要当面拒绝，答应考虑一下，给自己留点回旋的空间。然而，有些人在拒绝对方时，老是感到不好意思，而不敢据实言明，致使对方摸不清自己的真实意思，而产生许多不必要的误会。其实，在人际关系的交往上，不得不拒绝，乃是常有之事，因此破坏交情的并不多；倒是有些人说话暧昧、模棱两可，反而容易引起对方的误会，甚至导致彼此关系破裂，这种例子倒是不在少数。

在批评别人时，最好“点到为止”，以维护对方的自尊。最让人沮丧的事情莫过于没玩没了地批评人，特别是有的人在批评别人时，不看场合，不考虑对方的心理承受能力，一味地高声大嚷，这样做往往事与愿违，伤害了别人的自尊。所以我们在批评别人时，特别是有许多人在场的时候，不妨点到为止，力求含蓄地达到批评的目的。

与人争论或争吵时，人们的心情一般容易激动，这是可以理解的，但绝不能因此而口不择言地说些“过头话”、“绝情话”，否则，不仅会严重伤害对方的感情，而且也往往使双方难以“下台”。

有的人在请人帮忙时，爱使用命令口气，直接让对方按自己的要求去做，结果，有时因为对方无能为力而出现僵局：对方为难，自己生气。为了防止产生“强人所难”的嫌疑，我们在求人帮忙时，不妨求助一下“假设句式”，尽量用委婉、商量的口气，这样就能为对方留条“后路”，即使对方无能为力，也不至于让对方尴尬难堪。

秘诀五 恬淡自然，得失无挂于胸

好人气秘诀：能做到恬淡自然、得失无挂于胸的人，必然会得到大家的认可，会在和谐的人际环境中尽情发挥自己的聪明才智。

关键词：恬淡自然

古往今来，人们的追求其实都大致相同，无非是事业上的成功，或者生活上的幸福。而与之伴随的，我们也免不了要遭遇士子落第、怀才不遇、职场失意等的不如意。如果想平安地度过自己的一生，甚至能够取得一定的成功，心态就非常重要。无论得与失，成功与失败，有一种心态是我们的最佳选择，那就是坦然。

高尔基曾经说过："苦难才是真正的大学。"人生在世总有那么多的无奈，总有那么多值得我们感叹的事。面对这些苦难，我们不能任其摆布，甚至随意消沉下去。有时候我们需要"扼住命运的喉咙"，这才是真正强者的呐喊，才是成功者的座右铭。

英国著名史学家卡莱尔，曾经遭遇了一次沉痛的打击。他呕心沥血几十年，终于完成了一部旷世大作《法国革命史》。但是就在他为之欢欣鼓舞的时候，他的女仆却由于疏忽将手稿一举烧尽！

得知此事后，卡莱尔非常失望，几十年的心血被付之一炬，他的生命仿佛走到了尽头。然而他并没有一蹶不振，更没有终日沉浸在慨叹惋惜中。卡莱尔最终选择了坦然地去面对。

过了几天，卡莱尔打起了精神，重新开始写作。由于有第一次写作的积累，他很快就将这部著作又写了一遍，而且，结果比第一次还要好。所以，我们现在读到的《法国革命史》是卡莱尔重写过的。

时至今日，当我们拜读他伟大的著作时，不仅会赞美他的非凡成就，还会以一种朝圣者的心情来敬畏他的胸襟、他的毅力、他的坦然。

人生总有许多失意和落魄，总有一些意想不到的灾难，潇洒地面对它、直视它，会使一个人在生命最根本的意义上变得更加厚重、更加充实。而妥协、投降则只能带来消沉、平庸和碌碌终生。

坦然面对人生，就是对自己的珍重以及对生活的感恩。淡定的态度，就可使人有足够的信心渡过坎坷和劫难。在中国古代就有很多坦然面对挫折的例子。

人称“陶朱公”的范蠡，不仅学识渊博，而且足智多谋。他的一生可谓是大起大落，总结起来一共有三聚三散。面对这些得到与失去，他无一不是以坦然去面对的。

春秋时期，他帮助越王打败了吴王，成就了霸业。胜利后，越王封范蠡为上将军。可范蠡知道勾践为人可共患难不能共富贵，为了避免越王兔死狗烹，只得放弃自己创下的丰功伟业。于是就辞书一封，乘一叶扁舟，趁着夜色狼狈而逃。这是“一聚一散”。

范蠡辞去上将军来到了齐国，更名改姓，耕于海畔，他以自己过人的商业头脑，不到几年就积资产数十万。齐国人仰慕他的贤能，请他做宰相，范蠡感叹道：“家里有了千金，做官做到宰相，这是一个普通人的极限了，如果总是名声在外，不祥啊。”于是就归还宰相印，将家财分给乡邻，再次隐去，这就是“二聚二散”。

范蠡又来到了陶地。他看到此地为贸易的要道，可以据此致富。于是，他自称陶朱公，留在此地，继续从事商业经营活动。没用多长时间，就累积万千财富，后来，范蠡次子因杀人而被囚禁在楚国。

范蠡为了搭救自己的儿子，就派三儿子前去探视，并带上一牛车的黄金。可是长子坚持要替少子去，并以自杀相威胁。没办法，范蠡只好同意。到了楚国以后，由于长子办事不力，使范蠡的次子死在了狱中。当范蠡一家得知死讯后，无不悲痛万分，唯有范蠡独笑说："我早就知道次子会被杀，不是长子不爱弟弟，是有所不能忍也！他从小与我在一起，知道生存的艰辛，所以不忍舍弃钱财。而少子生在家道富裕之时，不知财富来之不易，很易弃财。我先前决定派少子去，就是因为他能舍弃钱财，而长子不能。次子死在了楚国也是情理中的事，无足悲哀。"这就是"三聚三散"。

陶朱公范蠡不仅能治国安邦，还善于商业经营。他的眼界和境界自然是非同一般了。面对高官厚禄或富甲一方，他能坦然取之，又坦然舍之。在亲人生死离别的时候，他仍然能够坦然接受。这种对待得失的态度是我们每个人都应该学习的。

古人云：人有悲欢离合，月有阴晴圆缺，此事古难全。面对成功，我们不要过于得意，要想到没有时的痛苦；面对失去，我们也不要过于落寞，要想到这是逆境中的磨炼；面对机会，我们要尽量去争取，而得到与否，就顺其自然。总之，面对人生中的种种境遇，保持坦然就好。

秘诀六 聪明不露，才华不逞

好人气秘诀：立身处世，当从大处着眼，小处着手，不显不炫，才能做到旷达自然，才能使你具有磁石般的吸引力，让不同性格、不同能力的人围绕在你身边，才能广聚人气。

关键词：藏锋显拙

古人说："君子要聪明不露，才华不逞。"如果一个人总是喜欢显露自己的才华，那么他必然要遭受更多的挫折，这是做人太单纯的表现。在现实生活中，做人要善于藏锋显拙。有才干本是好事，但是带刺的玫瑰最容易伤人，也会刺伤自己。

正常情况下，人们很难接受己不如人的事实，当面对比自己强的人时，心里往往感到不舒服。特别是对于那些天生才华横溢、身居高位的人，嫉妒比仇恨更难化解。即使身居高位的你能够体谅人心，但底下的人仍会嫉妒你，他们或许不会表现出来，但是嫉妒肯定是难免的。不要天真地接受他们展现给你看的外表，只要细心一点你就能读出他们批评的弦外之音，以及他们小小的嘲讽。那里充满着背后中伤的利剑、言不由衷的过度赞美以及痛恨的眼神。

如果你才华横溢、聪明睿智，你要有所准备，因为人们在嫉妒你的时候，他们一定会在你前进的路上，设下你未曾预见，或者是无法追查来源的路障，对于这一类攻击你很难防卫。如果等到了解别人对你的感受根本就是嫉妒的时候，往往已经太迟，你的致歉、你虚伪的谦卑以及防御行为，只会使问题加重。如果从一开始就能避免引起嫉妒，比起嫉妒已经存在后再想将它拔出容易得多。所以你应该想好策略，提前筑好防护墙，防患于未然。通常就是在你不留神的时候，由你自己的行动惹来嫉妒。假如先意识哪些行动和特质会引起嫉妒，你就事先可以拔去嫉妒的利牙，使自己免遭伤害。

你若事业有成，就应巧妙地强调你一向是多么幸运，让你的幸运看起来别人也有可能获得，因此就没有必要那么嫉妒。但千万要小心，不要令自己伪装出来的谦卑，让别人一眼就可看穿，如此一来只会让他们更加嫉妒。此外，行为举止必须适宜，你的谦虚、你对不如你的人的坦诚，看起来必须真挚。任何不真诚的暗示只会让你的成功更加压迫人。

招人嫉妒的人所犯的错误，往往在于他们没有努力掩饰卓越的才能和地位的优越，更有一些自以为是的人反而还想要将自己的才能和优越强加在每一个人身上：他们故意表现自己多才多艺，有权有势，以为这样可以让别人印象深刻而赢得尊重。事实上恰恰相反，他们的行动为自己制造出很多沉默的敌人。因为他们令别人觉得己不如人，于是尽一切努力在他们失误或是犯下最轻微的过错时毁灭他们。

立身处世，当从大处着眼、小处着手，不显不炫，才能做到旷达自然，才能使你具有磁石般的吸引力，让不同性格、不同能力的人围绕在你身边，这不仅是你立身处世的智慧，更是你广聚人气，成就大业的必备心胸。

秘诀七 与人为善，坚守做人原则

好人气秘诀：善良的心总是令人尊敬的。拥有一颗善良之心，真诚地爱亲人、爱他人、爱社会，会赢得别人对你的爱。

关键词：与人为善

我们所说的“择善而执，守拙为本”的做人原则，并不是要让人当做教条一样死死固守的东西，而是说“善”是做人的底线，“拙”是处世的基调。明白了这一点，我们就会在迈向人生目标的道路上又前进了一大步。

善良源于人类的本性，并且善良的心总是令人尊敬的。一个拥有善良之心的人，会真诚地爱亲人、爱他人、爱社会，当然也会赢得别人对他的爱。

作为中国人，很少有不知道麦克阿瑟这个人的，尽管在朝鲜战场上这个家伙吃了败仗，但这是由战争的性质决定的，而与麦克阿瑟个人的成功与否没有直接关系。事实上，麦克阿瑟作为美国的五星上将，人们对他的尊崇是虔诚而恒久的。

1889年，19岁的麦克阿瑟进入他梦寐以求的西点军校，但进校不久，他就在训练中遭到高年级学生残忍的捉弄，以致发生痉挛和昏厥。

事后，在接受法院对西点军校这种不光彩做法的调查时，他道出了详情。但当法院要他讲出恶作剧的学生时，他犹豫了。然而如果拒绝服从命令，他可能被开除。这意味着他孩提时代梦想的破灭。

这个时候，母亲送他一首小诗帮助他下定了决心。诗的大意是，人们将以他来判断母亲的品行，如果阴影和羞耻抹黑他的名字，母亲也将蒙受耻辱。有着良好家庭教养和禀赋的麦克阿瑟具有维护个人和家庭荣誉的责任感，这种责任感不允许他告发同学。于是麦克阿瑟不顾可能发生的前途危机而选择了沉默。这个选择使他赢得学员们普遍的尊敬。

在这场由恶作剧酿成的事件中，麦克阿瑟既是受害者也是见证人。在接受法院调查时说出真相是他的义务，而且有助于纠正军校高年级学生欺负新生的不良风气。虽不情愿，他还是配合了调查。但如果具体讲出恶作剧学生的姓名，使他们受到惩罚，尽管在行为上无可指责，可是对一个尊奉荣誉原则的美国人来说，这是一种变相告密，而在他们看来，告密是人类所有劣行中最不名誉的一种。

与麦克阿瑟面临职业危机时做的哪怕牺牲前途也要维护荣誉的选择相反，半个多世纪后，美国电影史上最重要的导演之一埃利亚·卡赞在20世纪50年代做了另一种选择。

当时在联邦机构和国会对人们的政治信仰和交际活动进行的调查中，许多美国共产党或其他激进组织都受到了传讯。卡赞是一个理想幻灭的美国共产党员。在被美国国会非美活动委员会传讯时，为保前途，他供出了几名共产党朋友和同事。他避免了当时的政治迫害，但也从此蒙上耻辱，被人们称为“告密者”。40多年之后的1997年，执导电影曾两度获得奥斯卡金像奖的卡赞已年届87岁高龄，但好莱坞电影界人士并没有原谅卡赞的告密行为，美国电影学会和洛杉矶影评人联合会因此而拒绝授予卡赞终身成就奖。

每个人生活在这个世界上，总会有一些要追求的东西，有一些原则需要坚持。那些是人心灵最后的据点，善良便是其中之一。所以“择善而执”是人们在这个世界上能够坦坦荡荡、光明磊落地大步行走的前提。因为我们选择那份善良，所以拥有人性的光辉，在尘世芜杂的路上，才能够走得艰辛却坦然，行得坎坷却执著。

第九章

增强自信心提升人气的五个秘诀

秘诀一　消除恐惧和自卑感

好人气秘诀：卡耐基认为消除恐惧和自卑感是人们聚集人气的最好方法之一。而在这个过程中，练习在公共场合说话是天然的一种方法，它不仅可以克服不安，而且有助于建立勇气和自信。

关键词：消除恐惧

爱默生说："恐惧较之世界上任何事物更能击溃人类。"正因为如此，卡耐基认为消除恐惧和自卑感是人们聚集人气的最好方法之一。而在这个过程中，练习在公共场合说话是天然的一种方法，它不仅可以克服不安，而且有助于建立勇气和自信。因为当众说话可以使人们控制住自己的恐惧。

你知道吗？人们害怕讲话竟然胜过对死亡的恐惧。1993 年，布拉斯金一戈德林调查公司做了一项调查，在生活中有 30%的人恐惧死亡，却有 45%的人害怕当众讲话，如果在当众讲话这一项调查前增加一个定语的话，充满激情地当众讲话，我们有理由相信，数值将不止于 45%的人。

人们为什么如此害怕在公众面前释放激情地演讲呢？这都是害羞的心理在作祟。见了生人害羞，置身公众场合害怕讲话，这是任何人都要经历的人生必然阶段。不同的是，有些人正视这一阶段，经过科学有效的训练以及不计较当众"出丑"的辛勤尝试，他们最终超越了自我，成为能说善道的"厉害"角色；

而有些人却一再暗示自己“真的不会说话”、“不敢上台”、“激情，多么丢人啊”，主动配合外界赋予的“不善言谈”的定位，想方设法避见生人，避开需要当众讲话的交际场合，结果却无论如何摆脱不掉羞怯、恐惧的心理阴影，时不时就要遭遇人生尴尬。

人际交往培训导师戴尔·卡耐基总结自己培训学员的体会时强调：我一生的精力几乎都用在帮助学员克服恐惧、增强勇气和建立信心领域。

“疯狂英语”的创始人李阳现在已经是家喻户晓的人物，但是谁都无法想象他小时候是一个多么内向而又自卑的人。一次在他接受记者采访时，他这样对记者说道：

李阳：“小时候我很内向，有时候还特别自卑。”

记者：“内向或者自卑到什么程度？”

李阳：家里来的电话我从来不敢接，来了客人我肯定跑掉。所以到我读高中时，很多人问我爸爸——你儿子都这么大了？

“还有，我爸爸每次出差回来，妈妈都要做我的思想工作，让我见了面要叫‘爸爸’。”

“因为内向我也吃尽了苦头，记得读初三时，我到医院去治疗鼻炎，医生放好电疗工具后离开，不巧设备漏电，我钻心地疼，可就是憋着不敢喊，后来脸上留下伤疤。”

然而现在的李阳，却自信地、充满激情地站在演讲台上，在中国、在日本、在不同的地方，向无数的听众讲授着他的“疯狂英语”教学方法。是什么改变了他呢，很简单，八个字：不怕出丑，热爱丢脸。

所以，不要再去害怕释放激情，人类之所以区别于动物，就是人类具有主观能动性，我们可以通过学习，通过在不同的机会中不断地锻炼自我，终有一天可以如同那些我们敬仰的名人一般拥有超强的自信，以激情来感染你身边的人。

秘诀二　释放激情，展示自我

好人气秘诀：动人心者莫先乎于情。“言”为“心声”，情真才能意切。情真意切是最能够打动对方的。

关键词：释放激情

释放激情就是展示自我，这就如同唐代大诗人白居易说过的一句话：“动人心者莫先乎于情。”“言”为“心声”，情真才能意切。情真意切是最能够打动对方的。

为什么动人心者要强调一个“情”字。只有自己动情，才能打动别人。当你发表自己的意见、陈述自己的观点和主张时，必须有“自我”思想的闪光，才能影响和感染他人。

一位求职者在主考人员面前的一番话，打动了考察者的心。

……因此，我来了，因为我知道，报考导游我还有 7 个有利条件：

第一，我热爱导游工作。

第二，由于我的职业关系，夏季是烟台旅游的黄金季节，正是我们中小学放暑假的时候。我有充裕的时间，我可以做到招之即来，来之能战。

第三，由于长期坚持锻炼身体，我有充沛的精力和体力。我可以胜任长途奔波、连续作战的任务。

第四，由于对家乡的热爱，由于对史地知识的爱好，我相信我可以在烟台市范围内的导游工作中做到有问必答、有疑必解。

第五，由于在大学 4 年中经常有外地同学来烟台，由我为他们担任向导。所以，我自认为已具备了导游工作的实际经验。

第六，经过 6 年多的教师工作锻炼，我认为自己的普通话和语言表达能力均能胜任导游工作。

第七，我的性格、气质属多血质型，从心理素质上讲，适应环境能力和应变能力也较强，而这种心理、气质类型，正是被认为做导游工作最适宜、最优秀的一种。

所以，我来了，并且相信，如果我被录取，我一定不会辜负你们——各位主考的选择的！

求职者一口气列举了自己所具备的7项优势。这其中，既有主观上的感情、性格、身体条件等方面的优势，又有时间、地域等客观方面的有利条件。事实确凿，依据充足，可以充分证明求职者的自信心确实不是建立在空中楼阁上的，而是结结实实、可感可触的。再加上求职者简洁有力的言辞和充满自信的语气，实在很难令主考人员作出否定的决定。

卡耐基说："表现得有自信就是真正有自信。"面对重重的困难和一筹莫展的局面，自己顽强坚韧的精神是唯一可凭借的资本。在这种局面下，你可以通过自己对困难和逆境的蔑视来展示自己的魄力。纯粹的人格力量一样能激发信心。

未来是不确定、不可知的，正是因为这一点，未来才是最可塑造与最有理由寄予信念的。在过去不堪回首、现时困难重重的情况下，对于未来的坚定信念最宝贵。因此，演讲者要善于从并不充分的依据中推断出事态积极发展的必然性，并且表现出对于未来的深切渴望与坚定自信，以对信念的坚持来感染对方。

秘诀三　一语中的，方显英雄本色

好人气秘诀：总是一个人在那里说个不停而忽视别人感受的人是不受欢迎的。真正能吸引他人注意的是他能在适当时刻说出适当的话。

关键词：一语中的

只有能够抓住机会、敢于挺身而出的人才能够脱颖而出。当情势所迫需要你不加迂回时，就要勇敢地站出来，用“最具杀伤力”、“最简洁有力”的语言，秀出你自己，才有望得到领导赏识。

乾隆四十年，对于大多数老百姓来说是一个普通的年份，但对于中国历史上第一大贪官和珅，却殊为重要。这一年，是他一生中的重要转折点。正是在这一年里，和珅巧逢机缘，得见天颜，奏对称旨，甚中上意，便从此得以飞黄腾达。

却说某日，乾隆皇帝大驾将出，仓猝间寻黄龙伞盖不得，乾隆皇帝自然来了脾气，责问左右道：“是谁之过欤？”

皇帝发怒，非同小可，官员们一时间瞠目相向，不知所措。这时，下人中有一人从容地站了出来，应声答道：“典守者不得辞其责！”

众人听来，只觉得他声音洪亮，口齿清楚，语言干脆。

乾隆皇帝也不禁一怔，循声望去，只见说话之人仪态俊雅，气质非凡。乾隆皇帝不禁更为惊异，叹道：“若辈中安得此解人！”但问其出身，方知其乃官学生，虽学历不高，但毕竟是读书人出身，这在侍卫之中已实属凤毛麟角，又问其姓名，答曰：“和珅。”

众所周知，这位清高宗乾隆皇帝乃是世宗雍正帝的第四子，在清代的几代皇帝中，他也算得上是一个读书颇多的人。他很想有所作为，因此一登基就处处效法其爷爷清圣祖康熙皇帝，特别是在对待汉族地主阶级知识分子政策方面。他像康熙时一样，开博学鸿词科。访求读书人，搜罗古籍，对一些读过四书五经的满族生员，就更加另眼相看。所以一路上便向和坤问起四书五经的内容来。这和坤对四书五经颇为熟悉，居然“奏对颇能称旨”。至此，和坤进一步引起了乾隆皇帝的好感，皇帝遂派其总管仪仗，升为侍卫。这官虽然不算大，可很重要，宫中的事务差不多都由他管理。事情虽然琐碎，诸如仪仗的排列、扈从的派遣、车马的准备，以及宫内的膳食茶点等，都由他来总理。

耐人寻味的是，和坤登上政治舞台之前的第一声呐喊，便是震人之语。仓猝间一时未能找到黄龙伞，这本为小事，然而和坤却小题大做，以一副义正辞严的架势指责起“典守者”来。“典守者不得辞其责”，一语双关，它不仅是对“典守者”的指控，也有自荐其能的含义。过了几十年帝王生活的乾隆，此时更是充满虚骄之气，对一些生活琐事变得更加挑剔了。和坤对此已先有所闻，因此才敢放胆而言，结果倒真的获得了皇帝的眷顾，并取代了原来的仪仗“典守者”。

我们都知道，总是一个人在那里说个不停而忽视别人感受的人是不受欢迎的。真正能吸引他人注意的是他能在适当时刻说出适当的话。尤其在应对某些非三言两语就能说清的问题时，滔滔不绝往往会显得累赘，而且还容易陷入被动。这时候，能够一语中的，方显英雄本色。

秘诀四 对自己充满信心

好人气秘诀：拥有足够的自信绝对可以使你在人际交往的过程中成为一颗璀璨耀眼的明星，这种光芒在照亮你的同时，还能帮助你吸收更多的能量。

关键词：充满信心

拥有足够的自信绝对可以使你在人际交往的过程中成为一颗璀璨耀眼的明星，这种光芒在照亮你的同时，还能帮助你吸收更多的能量，为你的人脉网建立更有效的人脉点，助你走向成功之路。

有人曾说："有方向感的信心，令我们每一个意念都充满力量。当你有强大的自信心去推动你的创富巨轮，你可以平步青云，无止境地攀上成功之道。"

信心是心灵的第一号催化剂。当信心混合在思想里，潜意识就会立刻感知这种震撼，把它转变成相等的精神力量，传送到无限智慧的领域里，促成致富思想的物质化。

有一位年轻妇女，她在两年前决定代理销售活动房屋。当时很多人都告诉她不应当这么做，说她不可能做得好。

当时她仅有3000美元的积蓄，而别人告诉她最低的资本投资额是她积蓄的许多倍。

"你看竞争多么激烈。"她的顾问这样忠告她，"此外，你在销售活动房屋方面又有多少实际经验？更别提业务管理了。"

但这位年轻的女士对自己充满信心。她承认自己的确缺少资金，竞争非常激烈，而她也缺乏经验。

"但是，"她接着说："我收集到的资料显示活动房屋这个行业正在扩展。

我也彻底研究过我可能遭到的竞争对手。我知道在销售方面可以做得比镇上任何人都好，我也预料会犯一些错误，但我会很快地赶上别人。”

结果，她真的做到了。她那坚定不移的信心赢得了两位投资者的信任，也使她得到了几乎不可能的优惠——一家房屋制造商答应在不需要现金的条件下，供应她某一限量的存款。

第一年，她卖出超过100万美元的活动房屋。

第二年，她说："我预计要超过200万美元。"

自信，强烈的自信，可使人受到激励而想出各种可行的方法以及技巧。同时，"相信自己会成功"也会使别人对你产生信任和好感。

一个人要是没有力量和决心，还能有什么成就呢？如果他只有表面的自信，却没有一些主见，那还有谁再能信任他呢？尽管他是一个好人，但是，他很难引起他人的信任。每当有重大的事情发生，或者正当危急的时候，也不会有人想到去请教他。

如果一个人能够了解坚定的力量，能够把他所希望的在心灵上牢牢地把握住，然后向着理想目标坚持不懈地努力，那么他一定可以排除种种的不幸与困难，达到理想中的最高峰。

秘诀五 在社交圈中展示自己的风采

好人气秘诀：只有大胆率直地进入各种社交圈子，才能在互相的交往过程中，展露出自己的才华，也才能对自己有一个正确的认识。

关键词：展示风采

自卑是一个人前进道路上最大的绊脚石。如果没有自信，那么你可能一见到陌生人就脸红心跳，一开口就语无伦次。一般来说，产生这种心理的原因可能是由于某些地方不如他人而引发的自卑感，如学历不高、经验不足、相貌有欠缺等。

生活当中，你不可避免地要与各种各样的人打交道，而社交是展示风采的重要方面，可能要和重要人物交谈，在公共场合发表你的观点，出现在谈判、酒会、晚宴等各种社交场合。但是，你总是不由自主地退却，或硬着头皮去了，却因表现失态而让好机会白白溜走。你懊恼、后悔，可当下一个机会出现的时候，你又开始胆怯、犹豫、心慌、手颤，久而久之，自信心在一次次窘态中被消耗殆尽。

这就是我们通常所说的社交恐惧症。特别对于许多刚离开家门步入社会的年轻人来说，结交新朋友、融入他人的社交圈子是一种心理上的挑战。一开始总有些手足无措的感觉，不知道怎样做才能和大家打成一片。

例如，小李刚从大学毕业分到一个机关办公室工作，每天坐班，要和自己并不熟悉的人和事打交道，工作还好办，和人交往则有些发怵。看到别人在业余时间有说有笑、打牌聊天，好不热闹，而自己形单影只，和别人无话可说，索然无味。他真羡慕那些“自来熟”的人，而自己怎么就做不来呢？

现实生活中，像小李这样的人其实大有人在。他们根本不懂得如何去和别人交往，总是自惭形秽，认为矮人三分，别人的一个玩笑可能会被他们误解为看不起自己，而且他们往往会选择逃避的方式，极力躲避公开场合，这种做法逐渐成为了一种恶性循环，让别人更加无法对自己产生正确的认识，从而也就拉大了彼此之间正常交往的距离。

其实，无论在哪种场合，人们在人格上都是平等的，千万别太低估了自己。一定要抛弃自卑感，大胆率直地进入各种社交圈子，只有这样，才能在互相的交往过程中，展露出自己的才华，也才能对自己有一个正确的认识。

人的交往能力并不是生来就有的，是在后天环境熏陶和有意识地培养下产生出来的。远离社交恐惧，我们可以采取以下几种积极的方法。

第一，不否定自己，不断告诫自己“我是最好的”、“天生我材必有用”。

第二，不苛求自己，能做到什么地步就做到什么地步，只要尽力了，不成功也没有关系。

第三，不回忆不愉快的过去，过去的就让它过去，没有什么比现在更重要的了。

第四，友善地对待别人，助人为快乐之本，在帮助他人时能忘却自己的烦恼，同时也可以证明自己的价值存在。

第五，找个倾诉对象，有烦恼是一定要说出来的，找个可以信赖的人说出自己的烦恼。可能他人无法帮助你解决问题，但至少可以让你发泄一下。

第六，每天给自己 19 分钟的思考，不断总结自己才能够不断面对新的问题和挑战。

第七，到人多的地方去，让不断过往的人流在眼前经过，试图给人们以微笑。

第十章

增加人格魅力提升人气的四个秘诀

秘诀一 发扬自身优势，提升自我价值

好人气秘诀：面对工作中的意外打击，怨天尤人显然于事无补，反而让自己人见人嫌。只有继续发扬自身优势，用实际行动来证明，任何打击都不会真正摧垮你。

关键词：提升价值

人格魅力的力量是无穷的，只有具有很好的人格魅力，才能使自己具有较强的亲和力，从而拉近与对方的距离，赢得对方的尊重，把许多看似不可能的事情变成可能的事情。

某公司要裁员，名单公布下来，有内勤部办公室的小花和小荣，规定一个月之后离岗。

这将是小花和小荣中的某一个人在单位的最后一个月。第二天上班小花的情绪仍然很激动，谁跟她说话，她都像吃了火药似的，遇着谁就向谁开火。小花心里憋气得很，又不敢找老总去发火，只好对杯子、文件夹、抽屉撒气。大伙儿的心被她提上来又掉下去，空气都快凝固了。人之将走，谁忍心去责备她呢？

过了不久，小花找了一些人到老总那儿说情，好像是重量级的人物，小花

着实高兴了好几天。不久又听说，这次是“一刀切”，谁也通融不了。小花再次受到打击，气愤而异样的目光在每个人脸上扫来扫去。许多人开始怕她，都躲着她。

小花原来很讨人喜欢，但后来，她人未走，大家却有点讨厌她了。

小荣也很讨人喜欢，同事们早已习惯了这样对她：“小荣，把这个打印一下，快点！小荣，把这个传出去！”小荣总是连声答应：“好的。”手指也像她的舌头一样灵巧。

裁员名单公布后，小荣哭了一晚上，第二天上班也无精打采，可打开电脑，拉出键盘，她又和以前一样地干开了。小荣见大伙儿不好意思再吩咐她做什么，她便特地给大家打招呼，主动揽活。她想：是福跑不了，是祸躲不了，反正这样了，不如干好最后一个月，以后想干恐怕都没有机会了。小荣心里渐渐平静了，照常勤劳地打字复印，随叫随到，坚守在她的岗位上。

一个月之后，小花如期下岗，而小荣却被从裁员名单中删除，留了下来。主任当众传达了老总的话：

“小荣的岗位，谁也无法替代，小荣这样的员工，公司永远不会嫌多。”

小荣之所以最后得以留用，很显然就是靠的她不显山露水的人格魅力。而作为她同事的小花这类人，在这个问题上就要三思了。面对工作中的意外打击，怨天尤人显然于事无补，反而让自己人见人嫌。只有继续发扬自身优势，用实际行动来证明，任何打击都不会真正摧垮你。

秘诀二 不为小利所惑

好人气秘诀：不要为一点小利所惑而失去做人最为宝贵的诚信与忠诚，一旦失去它们，也就失去了别人的信任，成了一个靠不住的人。

关键词：贪图小利

有许多人爱占小便宜，贪点小利益。殊不知，小便宜、小利益能让人一步步走向堕落，贪一时的小利会让自己一生都颜面无光，在人前抬不起头来，被人在背后指手画脚地议论。

陷阱就像掺进甜蜜毒药的一块涂满奶油的蛋糕。贪小利的人只看到蛋糕而看不出里面的毒药。现实生活中能够抵制诱惑而不落入陷阱中的人并不是很多，很多人之所以以身试毒，无非是禁不起“利益”这块蛋糕的诱惑。

宇明是一家企业的业务副经理，刚刚上任不久。他年轻能干，在短短两年能够有这样的业绩也算表现不俗了，大家都对他刮目相看。

然而半年之后，他却悄悄离开了公司。同事们都很惋惜，没有人知道他为什么离开。

宇明走之后，找到了他在公司的哥们儿——和他一起来到这家公司的袁先生。在酒吧里，宇明喝得烂醉，他对袁先生说：“知道我为什么离开吗？我非常喜欢这份工作，但是我犯了一个错误，我为了获得一点小利，失去了作为公司职员最重要的东西。虽然总经理没有追究我的责任，也没有公开我的事情，算是对我的宽容，但我真的很后悔，你千万不要犯我这样的低级错误，不值得啊！”

后来，袁先生得知，宇明在担任业务部副经理时，曾经收过一笔款子，业务经理说可以不下账了：“没事儿，大家都这么干，你还年轻，以后多学着点。”

宇明虽然觉得这么做有些不妥，但是他没有拒绝，半推半就地拿下了8000元钱，当然业务部经理拿到的更多。没过多久，业务部经理就辞职了。

最终，总经理发现了这件事，因此宇明不能在公司待下去了。

袁先生想到当初宇明落寞的神情，知道宇明一定很后悔，但是有些东西失去了是很难弥补回来的。宇明失去的是对公司的忠诚，他还能奢望公司再相信他吗?

为了一点小利，就被人当做不忠诚、靠不住的人，给自己的一生都抹了个无法洗掉的污点，真是太不值得了。

贪小便宜吃大亏，这是永久的真理。劝君不要为一点小利所惑而失去做人最为宝贵的诚信与忠诚，一旦失去它们，也就失去了别人的信任，成了一个靠不住的人。

贪恋小便宜其实不仅是品质问题。一旦让贪图小利成了个人形象，所有的人避之唯恐不及，甚而被人利用，在人生和事业上都将是一个失败者。

秘诀三 做人堂堂正正，不贪图名利

好人气秘诀：做人就应该堂堂正正，讲求仁义，遵守道义，重义轻财，不可为贪图名利而不择手段。如果过分追逐名利，就会在亲友、同事之间落下一个"谎话连篇"、"靠不住"的恶名，

关键词：贪图名利

名和利，是许多人追求的目标和奋斗的动力，为了名利，不择手段、不顾廉耻的大有人在，但他们得到的也只是一时的名利，不能长久。但聪明的人知道，只要树起"诚实"的口碑，越不言名利，名利却越多。

美国环球广告公司雅利安中国办事处因业务需要，正准备招聘4名中国

高级职员，竞争的激烈程度自不必言。主持复试的是著名的大企业家贝克先生。考试是单独面试，一位应聘者一走进小会客厅，坐在正中沙发上的贝克先生便站起来说：

"是你？你是……"贝克先生用流利的中文说出了应聘者的名字，并且快步走到他的面前，紧紧抓住了他的双手。

"原来是你，我找了你好长时间了。"贝克先生一脸的惊喜，激动地转过身对在座的另外几位嚷道："先生们，向你们介绍一下——这位就是救我女儿的那位年轻人。"

这时，应聘者的心狂跳起来，还没容他说话，贝克先生把他一把拉到旁边的沙发坐下，说道："我划船技术太差了，使女儿掉进昆明湖中，要不是这位年轻人就麻烦了。真抱歉，当时我只顾看女儿了，也没来得及向你道谢。"

应聘者竭力抑制住心跳，抿抿发干的嘴唇，说道："很抱歉，贝克先生，我以前从来没有见过您，更没救过你的女儿。"

贝克先生又一把拉住他，"你还记得吗?4月2日，昆明湖公园……肯定是你！我记得你脸上有块痔。年轻人，你骗不了我的。"贝克先生一脸的激动。

应聘者站起来："贝克先生，我想你肯定弄错了，我没有救过你女儿。"

他说得很坚决，贝克先生一时愣了。忽然他又笑了："年轻人，我很欣赏你的诚实，我决定——你免试了。"

几天后，他幸运地成了雅利安公司的职员。有一次，他和戴维先生闲聊的时候问道："救贝克先生女儿的那位年轻人找到没有？"

"贝克先生的女儿？"戴维先生一时没反应过来，接着他大笑起来："他女儿？有7个人因为他"女儿"被淘汰了。其实，贝克先生根本没有女儿。"

做人就应该堂堂正正，讲求仁义，遵守道义，重义轻财，不可为贪图名利而不择手段。如果过分追逐名利，而在亲友、同事之间落下一个"谎话连篇"、"靠不住"的恶名，那最终的结果将可想而知。

秘诀四 宁可自己吃亏，也要让他人满意

好人气秘诀：为人处世，只有不怕吃亏，敢于吃亏，宁可自己吃亏去照顾大家的情面，才能与人和谐相处，并赢取别人的信任。

关键词：自己吃亏

宁愿自己吃亏，也要让别人满意，这才是君子的所作所为，自己吃亏可以使朋友、同事高兴，可以保住大家都不伤面子、不伤情意，这样的人能不被人信赖吗？

甄宇生活在东汉前期，祖籍山东省安丘县。他从小就特别喜欢读书，对于儒家的经典无所不读。长大以后，在学问上有独到的见解，在思想上完全尊奉孔子，在行动上也遵照儒家提倡的道德去做，因而在乡里有很好的名声。

光武帝刘秀建武年间，朝廷听说甄宇很有学问，又待人宽厚，就把他征召到京城洛阳，任命他为博士。博士是教授官，在当时最高学府太学里任职，为太学生讲述儒家经典。

古时候，每年农历12月8日为腊八节，是祭祀百神的日子。每至腊八，光武帝刘秀都要向太学颁诏，表示慰问，并赏赐每个博士一只羊，以资鼓励。

有一年，又到了腊八节，光武帝派大臣到太学里去慰问。大臣宣读诏书说：博士们讲学兢兢业业，十分辛苦。现在给每位博士赐羊一只，带回家中，与家人团聚，欢度节日。

诏书宣读完毕，博士们叩头谢过圣恩。随后使臣命随从把羊群赶进了太学院中，点过数目，交给太学的长官祭酒。

祭酒回到院中，细细打量羊群，心中就犯了难。羊正好是14只，一人一只，有什么为难的呢？原来这些羊有大有小，肥瘦不一，怎么往下分呢？分到肥

羊的当然会高兴，而分到瘦羊的难免会说分配不公，待人有亲有疏。他想来想去，也没有想出个完全之法。最后只好把博士们都召集来，让大家商量，想一个众人都满意的方法。

有一个博士说："羊本来就有肥有瘦，如果每人领一只，怎么也不会平均。依我看，不如把羊全都宰了，大家分肉，每人一份，肥瘦搭配，就不存在不合理的事了。"

对这个主意，有的人赞同，但多数人不同意，认为血淋淋的肉不好往家拿。

于是又有一个人出了一个主意，他说："还是用抓阄的办法比较好，谁摊上什么样的就领什么样的，大小肥瘦全凭运气，也就不会有怨言了。"

在众人七嘴八舌争论的时候，甄宇静静地站在一旁，他想杀羊分肉、抓阄取羊，都有损于博士的声誉，会让世人耻笑的。于是对祭酒和众博士高声说："还是一人领一只吧。让我先牵第一只。"

说着就走向了羊群。

大家正在怀疑观望之中，只见甄宇在羊群中选来选去，最后挑了一只最瘦小的。

大家看到这种情形，就没有人再争执了，都你谦我让，争着挑小的、瘦的。

皇帝听说了这事，下诏书给予褒奖，京城里的人都赞扬甄宇，管他叫"瘦羊博士"。

甄宇挑瘦羊看似一件小事，但却能体现出一个人的品德，如果人人都这样不怕自己吃亏，那么人间便多了几分和谐，少了许多不快。

为人处世，只有不怕吃亏，敢于吃亏，宁可自己吃亏去照顾大家的情面，才能与人和谐相处，并赢取别人的信任，这样才会使自己处处受欢迎。

第十一章

责任感提升人气的四个秘诀

秘诀一 用推功揽过的方法笼络人心

好人气秘诀：身为上司若能以“让”为先，抛弃自我成见、推功揽过，让员工有学习与成长的机会，员工自然会有向心力，自愿为公司付出，公司自然能有稳定的成长。

关键词：推功揽过

从古到今，有许多事例都证明，凡是推功揽过的人都能团结他人，取得成功；而推过揽功的人削弱了合作伙伴的积极性和斗志，必然走向失败。

能够推功揽过、扬人之长、责己之咎，是笼络人心的有效手段。

作为管理者不仅应该让员工分享你的成果，为其举荐，更重要的是，当员工办砸了事，还要主动为他承担一些责任，鼓励他重新振作。管理者若只为私利，私窃员工的功劳，员工自然不会有积极性。

著名的美国橄榄球教练保罗·贝尔在谈到他的队伍如何能够取得一个又一个的胜利时说：“如果有什么事情办糟了，那一定是我做的；如果有什么差强人意的事，那是我们一起做的；如果有什么事做得很好，那么一定是球员做的。这就是使球员为你赢得比赛的所有秘诀。”

老陈是一家工厂的生产线科长，他个性温和，工作勤奋，与同事相处得十分融洽。有一次，因为货源来不及补足，造成产量未达到预期的目标，厂长非常生气，在开会时宣布要扣除生产科员工当月的奖金。

散会后，老陈并没有解释生产为什么会延误，只是诚恳地对厂长说："这一切都不关生产科其他同事的事，是我自己指挥不当造成的，这事应该由我独自来承担，请扣我个人当月工资和全年奖金作为处罚。"厂长同意了老陈的要求。

生产科的员工得知此事后非常感动，于是他们主动加班，决心下个月超额完成生产目标。在他们同心协力及辛勤的努力之下，第二个月的产量果然超过目标。厂长非常高兴，立即宣布加发奖金给生产部门。

老陈将奖金都分给员工，自己分文未取，他对员工说："这些奖金是大家的辛劳所得，是属于大家的。"老陈推功揽过，不但赢得了生产科同事的拥护和赞赏，同时也为公司创造了佳绩。推过揽功的人，为人所摒弃；而豁达超然、不计较个人名利的人，反而能拥有威信，为人所尊重。

身为上司若能以"让"为先，抛弃自我成见、推功揽过，让员工有学习与成长的机会，员工自然会有向心力，自愿为公司付出，公司自然能有稳定的成长。

秘诀二 用"责任全在我"这句话来虏获人心

好人气秘诀：如果领导敢于为下属撑腰壮胆，敢于在必要时替下属分担责任，不仅体现了一个领导者的道德品质和领导水平，而且直接关系到上下级之间能否建立起互相信赖、互相支持的融洽关系。

关键词：责任全在我

如果领导敢于为下属撑腰壮胆，敢于在必要时替下属分担责任，不仅体现了一个领导者的道德品质和领导水平，而且直接关系到上下级之间能否建立起互相信赖、互相支持的融洽关系，关系到整个管理机器能否正常运转。倘若下属偶有过失，领导就把他当做“替罪羊”抛出去，而自己却不承担丝毫责任，那么，还有哪个下属愿意再为这样的领导者效劳呢？

在通常情况下，下属尽管存有希望少承担甚至不承担责任的心理要求，但他自己也认为这只不过是一种不切实际的“奢望”。只要中层领导能够实事求是地按照委派任务的性质，让他明确承担相应的责任，下属一般还是愿意接受的。问题的关键在于，几乎每个下属都希望上级能够替自己分担一些责任，对于这一正当的心理要求，倘若领导者不能痛快地予以满足（哪怕是“部分”满足），则下属是绝对难以忍受的。一旦遇到是非纠葛，下属就会为了自卫而对领导者做出强烈反应。由此观之，领导不应故意回避自己应承担的一份责任。这是处理好上下级关系的大前提。

领导必须明确区分哪些是下属应负的直接责任，哪些是自己应负的领导责任，绝对不要含糊其辞，模棱两可，让下属听了心里没底，或者感到“安全系数”太小，或者感到似乎有“空子”可钻。领导者替下属分担责任的目的，不仅是为了使下属增添几分安全感，更重要的还在于有意培养和增强下属对领导的信任感，使下属愿意承担自己应负的“直接责任”。

为此，领导就必须毫不含糊地替下属分担下列责任：

1.由于领导作出的错误决策（包括正确决策中的“不正确”因素）所造成的损失。

2. 下属在执行任务过程中遇到各种不确定因素的影响和干扰所造成的挫折和失误。

3. 其他一切值得同情和谅解的过失。

领导一旦向下属做出分担责任的许诺，就应该遵守诺言，绝不反悔。

总之，承担责任，一要分清职责，二要适度。在此基础上，领导者要严于律己，敢于为下属分担责任。只要做到这些，下属就会从心底尊重你这个领导，心甘情愿地服从你的调遣。

有的中层领导喜欢拍着胸脯对下属说：“出了问题我负责！”这样做，表面看上去似乎给了下属一张“护身符”，实际上有头脑的下属并不相信自己的领导果真能够承担一切严重后果，过分的承诺，反而容易使人产生怀疑。领导的大包大揽，还容易诱使下属放松警惕，给工作造成一些不必要的麻烦或损失。

秘诀三　对自己的行为负责，对企业负责

好人气秘诀：一个真正的领导，时刻以全局为重。所有的行为及态度，都要为企业利益着想，在不损失企业利益的原则下妥善处理问题。

关键词：全局为重

是否具有责任感是员工评价一个领导者的重要标准，凡是卓越的领导者从来都不会推卸责任。勇于承担责任的领导者会使下属更有安全感，不仅如此，而且还会带动下属检讨自己的行为，反思自己的不足和应该承担的责任，从而增加他们的责任感。

在一次对广大员工的问卷调查中，当问及他们喜欢何种领导时，大约有60%的人回答是“富有责任感的领导”。为什么如此多的员工都倾向于在富有责任感的领导手下工作呢？原因很简单，他们办事从不推卸责任，值得员工们信赖。

员工希望领导认真负责，领导他们创造更好的工作业绩。要知道，领导的担子很重，如果不富有责任感，担负的任务将不再有被顺利完成的保证，上司和员工们也不会把宝压在领导的身上。一般而言，领导者要切实肩负起自己的职责，必须做到以下几点：

不专心于自己的本职工作，对企业、对员工缺乏应有的忠诚，这样的领导者是不可能担负起责任的，更不要说对本部门的员工及应取得的业绩负责。一般认为，责任感意味着对企业的专注、忠诚，在许多时候它可以在点滴的小事上展现出来。“我警告我们企业的领导们，”深圳某发展集团董事长说：“如果有谁说‘那不是我的错’而是他（其他同事）的责任’之类的话被我听到，我就立刻把他开除。这种人显然对我们企业没有足够的专注与忠诚，就好比你站在那儿，眼睁睁地看着一个醉鬼坐进车子里开车，或任何一个没有穿救生衣的小孩单独在码头上玩耍。也许你有权决定你个人的行动，可是我不会容许这种事情在企业内部发生，在这里任何有损企业利益的事情一旦发生，所有的人都有不可推卸的责任。所以，不论是不是你的工作范围，只要是关系到企业的直接利益，都要毫不犹豫地加以保护，这样的领导才是肯负责的、也是我需要的人。”

作为领导，必须在企业里充分发挥个人的敬业精神。因为，一个对工作热忱的人，无论是在清扫马路，或是经营大企业，都会认为自己的工作是一项神圣的职责。即使会遇到困难，他们也毫不畏缩，遭遇失败也决不逃避，更不用说推卸责任了。富有责任感就要勇于承担责任，不以任何方式推卸责任。有些领导，当员工发生事故时首先想到的就是——如何知情不报，或夸大事实换取同情，以便保全自我。若无法推托时，必以企业照明设备不够、材料不佳、机械情况不好等老掉牙的理由来搪塞。这样的领导怎能成为员工心目中的好领导？一个真正的领导，时刻以全局为重。所有的行为及态度，都要为企业利益着想，在不损失企业利益的原则下妥善处理问题。因此，要成为一个好的领导，就必须了解下述一点：只有对自己的行为负责，对企业负责，对员工负责，对客户负责的领导，才是员工心目中富有责任感的领导，也才是员工值得信赖和欢迎的领导。

秘诀四　大胆地承认自己的错误

好人气秘诀：上司也是凡人，不可能不犯错。我们不怕犯错、不怕认错，怕的是认错不当而错上加错。当你错了，就要迅速而坦诚地承认。

关键词：承认错误

有的上司在对待与下属的关系问题上往往会走入一个误区：一定不能让下属看到我的缺点和错误，否则我就威信扫地，难以受到尊重了。基于这一认识，有的上司从不在下属面前承认错误，哪怕是显而易见的错误。这样的结果，反倒会让自己在下属心目中的形象大打折扣。

戴尔在 2001 年就曾对手下 20 名高级经理认错：承认自己过于腼腆，有时显得冷淡、难于接近，承诺将和他们建立更紧密的联系却没有实施。下属对"极度内向"的戴尔公开反省非常震惊——如果戴尔都可以改变自己，其他人有什么理由不效仿呢？戴尔以下属为"镜"，照出都是腼腆惹的祸，腼腆是错误吗？戴尔的回答是："如果下属说是，那就是。""认错要认下属眼中的错，不是认自己脑中的错。"

上司也是凡人，不可能不犯错。我们不怕犯错、不怕认错，怕的是认错不当而错上加错。当你错了，就要迅速而坦诚地承认。

纽约《太阳时报》主笔丹诺先生在读稿时，常常喜欢把自己认为重要的几段用红笔勾出，以提醒排校人员"切勿将它遗漏"。

但是有一天，一位年轻校对员偶然读到一段文字，也是被人用红笔勾出的，上面大致是说："本报读者雷维特先生送给我们一个很大的苹果，在那通红美丽的皮上露出一排白色的字，仔细一看，原来是我们主笔的名字。这真是一个人工栽培的奇迹！试想，一个完整无缺的苹果皮上，怎么会露出这样整齐光泽的字迹来呢?我们在惊奇之余,多方猜测,始终不明白这些奇迹是怎样出现在苹果上的。"

那个年轻的校对员是一个知识丰富的人，他读了这段文字不禁大笑起来。因为他知道这些苹果皮上的字迹,只要趁苹果还呈青色时,用纸剪成字形贴在上面,等苹果发育红时,将纸揭去,这根本是个小朋友的恶作剧而已。

所以,这位年轻的校对员心想,这段文字如果登出来,必将被人讥笑,说他们的主笔竟会愚笨至此,连这样一点小"魔术"也会"多方猜测,始终不明……"因此,他便大胆地将这段文字删掉了。

第二天一早,主笔丹诺先生看了报纸,立刻气呼呼地走来,向他问道:"昨天原稿中有一篇我用红笔勾出的关于'奇异苹果'的文章,为何不见登出?"

那位校对员诚恳惶恐地把他的理由说明后,丹诺先生立刻十分诚挚和蔼地说:"原来如此!是我错了,我向你道歉,你做得十分正确,以后只要有确切可靠的理由,即使我已用红笔勾出,你仍不妨自行取舍。"

谁都会犯错误,上司也不例外,下属不会因为你对错误的遮掩和固执而仰视你,同样也不会因为你的坦然认错而小看你。相反,勇于认错会让下属看到你的坦诚和改正错误的勇气,从而更加信服你。

"智者千虑,必有一失。"即使平时再小心,也难免有犯错误的时候。错误并不可怕,关键是你如何对待错误。

比如,有一次一件事情出了差错,老板把你叫去骂了一顿。你应该对他说:"这是我的错。"而不要在他面前去说这是别人的错。试想,如果自己推卸责任,说那是下属或同事的过错,老板可能会讲:"难道你做得足够好吗?如果今天都是他们的错,你在干什么?"要是老板这样责问,你就无言以对了。所以,在上司面前,应该一肩挑起,这叫负起责任。错就是错嘛,干嘛要把责任推卸给别人呢?大胆地承认错误,然后想办法解决问题,吸取经验教训,这才是最重要的。

有些人，即使知道是自己的错误也不愿承认。他们认为自己主动承认错误会丧失自己作为领导的权威，会让他人觉得自己无能。为了掩饰自己的无能或想刻意树立自己的权威，而将自己的错误转嫁给下属。但是，大多数情况下，下属都十分清楚这是领导的错误，会在心里轻视作为自己上司的领导。上司最终也会知道是谁的错误，自然会因下属欺骗自己嫁祸于人的做法产生不满。这样，就会大大有损领导在他们心目中的形象。

第十二章

信誉提升人气的五个秘诀

秘诀一 对自己说过的话、做过的事负责

好人气秘诀：警醒自己是否答应过别人什么事情？是否已经做到？如果是由于一些原因没有实现，如何弥补造成的影响？都做到了，自然能够树立一个良好的信誉。

关键词：讲信用

一个人要讲信用，对自己说过的话、做过的事负责，这就是一个人的信用。《论语》说："人而无信，不知其可。"一个言行不一的人，常被人们斥之为小人，而不讲信用的人，最终将会失去良好的人际关系，对下级不讲信用，会遭到他们的反对而失去应有的威信；对上级不讲信用，危害会很大；对其他单位失去信用，将会导致公共关系的中断，是发展的大忌。

在青岛有这样一位创业者，这位创业者叫张进，他在台东三路开了一家饭店，生意不是很好，他每天都在想如何能把饭店做大。有这么一天，饭店的生意不是很好，没有什么顾客在吃饭，张进便和饭店的领班李微一起聊天，张进说："阿微，你有什么办法能把咱们饭店的业务做大，我给你提成流水的20%。"阿微说："老板，您说话算数吗？"张进说："肯定没问题，你尽管想办法，只要是你拉来的顾客我就给你提成，'君子一言，驷马难追'。"阿微说："好，那

我可就动用我姐夫的关系，让他们单位的人都来咱们饭店吃饭。"原来阿微的姐夫是市直属单位，每年的业务招待费大概是100万元左右，阿微真的把他姐夫单位的人给拉来了，和他姐夫不错的朋友们也来这吃饭。经过阿微的努力，饭店的生意终于起死回生了，来吃饭的人越来越多，同时张进又开了一个分店。

话说到了年底，阿微提出来拿提成，张进以没有合同为由，说当时只是开个玩笑，只同意给阿微涨20%的工资，阿微什么也没有说，辞职走了。

过完春节，饭店开张后，生意就一落千丈，根本没有什么人来吃饭，过了半年，张进把分店关闭了，又过了几个月，总店的生意也不好，这时张进想起阿微，又和阿微谈提成的事情，阿微说："张总，我做不到了，我姐夫他们单位今年都去我现在的饭店吃饭，老板给我40%的提成，半年已经结过一次了，对于你来说，是没有机会了。"说完阿微就走了，张进听完阿微的话，发出了后悔的叹气声，最后饭店转出去了，被阿微现在的饭店老板给买走了。

张进为了一点利益失信于阿微，从而失去了最好的伙伴，以致生意惨败。

信用是一个人安身立命的根本。一般说来，那些人脉关系超好的成功人士都具备五项素质：智、信、仁、勇、严，这里的信就是做人必须讲信用，"大丈夫一言既出，驷马难追"，说明人们对信用的渴求。

警醒自己是否答应别人什么事情？是否已经做到？如果是由于一些原因没有实现，如何弥补造成的影响？都做到了，自然能够树立一个良好的信誉。

信誉是生存和发展的法宝。作为商人，信用是成功的关键，背信则是自毁前程。人们首先相信你这个人，才会相信你的事业和产品。这也是许多商人的成功之道。

秘诀二 说话要给自己留有余地

好人气秘诀：话不要说得太满，说话时留有空间，便不会因为“意外”的出现而下不了台，因而可以从容转身。

关键词：说话留余地

某项工作有相当的困难，老板将此事交予一位下属，问他：“有没有问题？”他拍着胸脯回答说：“没问题，放心吧！”过了3天，没有任何动静。老板问他进度如何，他才老实说：“不如想象中那么简单！”虽然老板同意他继续努力，但对他的拍胸脯已有些反感。

这便是把话说得太满而给自己造成窘迫的例子。把话说得太满就像给杯子倒满了水，再也滴不进一滴水，再滴就溢出来了。当然，也有人话说得很满，而且也做到了。不过凡事总有意外，使得事情产生变化，而这些意外并不是人能预料的，话不能说得太满，就是为了防止这个“意外”。

说话时留有空间，便不会因为“意外”的出现而下不了台，因而可以从容转身。所以，很多人在面对记者的询问时，都偏爱用这些字眼，诸如：“可能、尽量、或许、研究、考虑、评估、征询各方意见……”这些都不是肯定的字眼，他们之所以如此，就是为了留一点空间好容纳“意外”，否则一下子把话说死了，结果事与愿违，那不是很难堪吗？

因此，你应该注意：对别人的托请可以答应接受，但不要“保证”，应代以“我尽量、我试试看”的字眼。

上级交代的事情当然得接受，但不要说“保证没问题”，应代以“应该没问题、我全力以赴”之类的字眼。这样说事实上也无损你的诚意，反而更显出你的谨慎，别人会因此更信赖你，即便事没做好，也不会责怪你。

说话不留余地等于不留退路，要么成功要么失败的简单逻辑不适合复杂多变的社会。为此付出的代价有时是你无法承受的，与其与自己较劲，不如多用“是……不过……如果”之类的话语方式。

当然，把话说满有时也有实际上的需要，但除非必要，还是保留一点空间的好，既不得罪人，也不会使自己陷入困境。总之，学学新闻发言人，多用中性的、不确定的词句就对了。

用不确定的词句一般可以降低人们的期望值，你若不能顺利地完成任务，人们对你期望不高而能用谅解来代替不满，有时他们还会因此而看到你的努力，不会全部抹杀你的成绩；你若能出色地完成任务，他们往往喜出望外，这种增值的喜悦会给你带来很多好处。

秘诀三　说到做到，决不食言

好人气秘诀：一个随意丢弃信誉的人，是不会得到任何人的认可的，因此，对别人许诺了，就要去实现诺言，不要再找借口推脱。

关键词：说到做到

承诺即诺言，就是答应别人的话。而对人许诺并且真正的说到做到、兑现了诺言的人，是值得交往、值得信赖的人。承诺是庄重的、严肃的，故此对别人许诺了，就要去实现诺言，不要再找借口推脱。

为人处世，信守诺言是非常重要的。那些受欢迎的人，常具有各种不同的特点，其中最显著的特点便是具有遵守诺言的美德。

守信，是中华民族的优秀文化传统之一。自古以来，讲信用、守信誉的人，才能获得真正的成功，这种成功也才能够持久。一个随意丢弃信誉的人，是不会得到任何人的认可的，真不知道这样的人还能做成什么大事。

东汉时，汝南郡的张昭和山阳郡的范式同在京城洛阳读书，学业结束，他们分别的时候，张昭站在路口，望着天空的大雁说："今日一别，不知何时才能见面。"说着流下泪来。范式拉着张昭的手说："兄弟，不要伤悲。两年后的秋天，我一定去你家拜望老人，同你聚会。"

两年后的秋天，落叶萧萧，张昭忽然听见天空一声雁叫，牵动了旧情，不由自言自语地说："他快来了。"说完赶紧回到屋里，对母亲说："妈妈，刚才我听见天空雁叫，范式快来了，我们准备准备吧！""傻孩子，山阳郡离这里1000多里路，范式怎会来呢？"张昭说："范式为人正直、诚恳、极守信用，不会不来。"老妈妈只好说："好好，他会来，我去备点酒。"其实，老人并不相信，只是怕儿子伤心，宽慰宽慰儿子而已。

约定的日期到了，范式果然风尘仆仆地赶来了。旧友重逢，异常亲热。老妈妈激动地站在一边直抹眼泪，感叹地说："天下真有这么讲信用的朋友！"范式重信守诺的故事一直为后人传为佳话。

讲信用、守信誉，是立身处世之道，是一种高尚的品质和情操，它既体现了对人的尊重，也表现了对自己的尊重。

一诺值千金，这是一个人的信用问题，良好的信用和品质比金子还珍贵。因此，许诺了就要去实现，而在自己做不到的情况下不要轻易许诺，因为许诺而不兑现，就是失信，失信于人比失去任何宝贵的东西更可怕。

秘诀四 实话实说，诚信为本

好人气秘诀：谎言虽然听起来感觉很美妙，但谎言毕竟是谎言，再美的肥皂泡总归是要破灭的。与其等到破灭的那一天，还不如一开始就实话实说。

关键词：实话实说

做人的诚信度常与一个人说话有关。诚信的人总是实话实说，不想歪点子。尽管诚实的人有时会被嘲笑，但最终会得到人生的奖赏，因为这样你可以换来真心。

不管是做人还是做生意，诚信都是成功的根本。谎言虽然听起来感觉很美妙，但谎言毕竟是谎言，再美的肥皂泡总归是要破灭的。与其等到破灭的那一天，还不如一开始就实话实说。

龙先生是一家大型建材城的老总。十几年前，他经营着一家小建材商店，欠了一位供货商的钱。有一天，那位供货商派人带着欠条来收款，龙先生正好手头不方便，就请对方宽限几天，引起了对方的误解，以为他故意找借口来逃债，于是，当即向法院起诉他。

在法庭上，龙先生的律师说：“法官先生，我们对欠条上这个签名的真实性表示怀疑。”

龙先生知道，凭这个理由，法官就得传唤证人，这样耽误几天，自己就有时间还钱了。但他没有这么做，而是突然站起来，对那位律师怒吼道：“律师先生，这是一张真实的欠条，正是我签的字。我只是想让你说服法庭缓些时间，并不是叫你到这儿来撒谎的。”

律师羞愧地离开了法庭。法官经过调解，双方最终同意龙先生推迟还款的日期，龙先生也因此树立起了自己良好的形象。大批供货商愿意赊货给他而不怕他赖账，所以，他的事业蒸蒸日上，最后成了一家大型建材城的老板。

在市场经济社会的今天，虽然一切金钱至上，但是你若想赢得别人的信任，你就必须诚实待人。一个没有诚信的人，别人是不敢和你交往的，也不想和你交往，无论人类文明发展到何种程度，诚实作为优良品质都是不可或缺的。

俗话说，人心都是肉长的。你只要把你无法预知的困难坦白地向对方说明，对方一般不会过度为难你，因为对方已经明明知道你为此尽了全力，只是由于不可抗拒的客观因素才导致如此结果，而且你并非是在刻意地强调客观因素而推卸责任，人们没有理由不谅解你。

诚实是一切美德的根本，要获得别人的信任与重视，你首先应该做到诚实。欺骗别人的人，最终欺骗的是自己。

秘诀五 许诺前要慎重地掂量

好人气秘诀：做出许诺之前，你首先得掂量它对人有无意义，价值几何，凡对人没有意义和价值的许诺，你绝不可发出。其次，你得掂量你有无时间、精力和才能实现你的许诺，如果没有足够把握，你绝不可做出。

关键词：慎重掂量

失信于人、说话不算数、许诺不兑现，意味着你失去了人之为人的起码品质，意味着在别人眼中你失掉了为人的信誉。这个损失多么惨重，你当然会掂量得清清楚楚。

无论你对任何一件事情做出许诺，都必须慎重地掂量，无论对大人对小孩、对恋人对仆人、对妻子对父母、对同事对朋友、对上司对下属、对老师对同学、对什么人都是这样。无论你的许诺是在什么时候做出的都是这样。你的许诺价值千金！

做出许诺之前，你首先得掂量它对人有无意义，价值几何，凡对人没有意义和价值的许诺，你绝不可发出。其次，你得掂量你有无时间、精力和才能实现你的许诺，如果没有足够把握，你绝不可做出。你还得多方面估计，实现你的许诺是否还需要其他条件的辅助，你具备那些条件吗？凡没有把握实现时，你最好不要做出许诺。

当然，如果你嫌这样太瞻前顾后，太谨小慎微，有时你也不妨做出一些大胆的许诺。只是在你做出许诺的同时，必须告诉对方可能出现的各种麻烦和不能实现的可能性，亦即不要把话说得太绝对，让人家事先有心理准备，一旦未能实现，不至于过分地对你失去信任。

在感到自己做不到时，你最好不要轻率地向别人许诺，这样会有许多好处：别人只能表示遗憾，并不会认为你说话不算数，因而不会产生对你的不信任感；在很多情况下，事情和形势已经变化了，你做不到但并没有许诺，事后你也不会受窘。

其次，在你已经许诺了以后，你就应该认真对待，努力地去实现它。一个小小的承诺，比如"我今晚 9 点回家"。在你完全可以做到的情况下不要掉以轻心，你已经许诺 9 点回家，这时你的同事邀请你出去玩，时间可能要拖到 10 点，你应该怎样做呢？你应该婉言谢绝同事的好意相邀，按时回家。

虽然这是一件小事，但它足以让你诚实的形象光芒闪耀。

除轻诺寡信之外，好耍小聪明、玩弄手腕者也大多失信于人。这样的人也许可以一时欺骗蒙哄某些年幼无经验者，可以得利于一时，赚到一笔，捞到一笔。可是第二次或第三次，你一旦被识破，别人就不会再相信你了。你必将得不偿失。从根本上看，从总体价值上看，你骗到的是一粒芝麻，丢失的却是一个大西瓜。

为自己的每一个诺言负责，看似迂腐、愚蠢，但其收益远大于付出。言出必行、一诺千金的良好习惯，能使你在困难的时候得到真正的帮助，会使你在孤独的时候得到友情的温暖，因为你信守诺言，你诚实可靠的形象推销了你自己，你会在生意上、婚姻上、家庭上获得成功。从这点上说，为诺言负责的人是一个真正的人生智者与赢家。

这并不是空话，有许多事实可以证明这一点，国内国外许多知名度很高的企业无不把信誉推到第一位，受人尊敬的人无不是守信用的楷模。相反，有些人随随便便地向别人开“空头支票”，临到头来又不兑现，他们无论在哪一方面都不会成功。因此，在许诺前要慎重地掂量，一旦许诺了，就一定要尽全力做到，这样才能获得他人的信任。

第十三章

积极的心态提升人气的五个秘诀

秘诀一 积极主动地为自己赢得机会

好人气秘诀：面对同样的机会，那些积极主动的人往往赢得更多。如果你认为自己有才能，就应该时时表现出自己的能力。

关键词：积极主动

一个人之所以能够迈出众人的行业，之所以能脱颖而出，一半在于他的能力与智慧，一半则在于他能在关键时刻挺身而出，主动去为自己赢得更多的机会。

如果你在一个偶然的或者必然的场合，采取某种方法或手段，突然显示出自己的思想、能力和才干，你就会出之于众，你就会赢得上司的注意。事实已经证明，人生的转折大多是从第一步开始的。

有一位身材矮小、相貌平平的青年叫卡拉奇。有一天早上，卡拉奇到办公室的时候，发现一辆被毁的车身阻塞了铁路线，使得该区段的运输陷于混乱和瘫痪。而糟糕的是，他的上司——该段的段长司各特又不在现场。

作为当时还是一个送信的仆役的卡拉奇，面对这样分外的事情该怎么办呢？守职的办法是，或者立即想办法去通知司各特，让他来处理；或者是坐在办公室里干自己分内的事。这是既能保全自己职业，又不至于冒风险的做法。

因为调动车辆的命令只有司各特段长才能下达，他人干了，都有可能受处分或被革职。但此时货车已全部停滞，载客的特快列车也因此延误了正点开出的时间，乘客们十分焦急。

经过认真、反复思考后，卡拉奇将自己的职业与名声弃之一边，他破坏了铁路最严格的规则中的一条，果断地处理了调车领导的电报，并在电文下面签上司各特的名字。当段长司各特来到现场时，所有客货车辆均已疏通，所有的事情都有条不紊地进行着。他先是一惊，结果他终于一句话也没有说。

事后，卡拉奇从旁人口中得知司各特对这一意外事件的处理非常满意，他由衷地感谢卡拉奇在关键时刻果敢、正确的行为。

这件事对貌不惊人的卡拉奇来说是一个关系终生的转折点。此后，他被提升为段长。

成名后的卡拉奇在回忆这段逸事时说："每一个年轻人，除了尽善尽美地完成好自己的本职工作以外，更应该做的是一些他职业以外，并且能够深深地吸引他上司注意的事情。"

这是从众人中脱颖而出的最重要的一步。

面对同样的机会，那些积极主动的人往往赢得更多。如果你认为自己有才能，就应该时时表现出自己的能力，以免自己的才华被渐渐淹没。

秘诀二 该"秀"的时候"秀"一把

好人气秘诀：不要坐等"圣旨"降临，要学会积极地促进，该"秀"的时候要"秀"一把。只要你"秀"的时机好，"秀"得出彩，你就可能会迅速脱颖而出。

关键词：积极促进

任何一个职位，都会有若干个潜在的对手在竞争。不要坐等"圣旨"降临，要学会积极地促进，该“秀”的时候要“秀”一把。只要你“秀”的时机好，“秀”得出彩，你就可能会迅速脱颖而出。

嘉祥是某财经大学农经系的一名本科生，在毕业分配时，由于学校推荐的工作不理想，因此他想带着自己的档案南下，在广州谋求到一份较好的工作。有一天，他在报纸上看到一家美国商行招聘高级行政主管的启事，于是决定前往应聘。不料，到那里时已经齐刷刷地坐着30多名大学生、硕士生，可是录取名额只有一名。嘉祥面试后，对自己的表现感到极为一般，心里已然打起退堂鼓，几乎对自己失去了信心。

就在这时，总经理的秘书突然惊慌地跑到正在主持面试的总经理面前，说道：“总经理，办公室的电脑坏了。”总经理急需的商业资料一时查不出来，便命令女秘书立即打电话请人来维修。这位秘书小姐刚拿起话筒，嘉祥突然站了起来：“让我来试一试。”总经理疑惑地看了看他的简历，又看了他一眼，同意了他的请求。

修理了十几分钟后，电脑恢复了正常。这位美国总经理感到非常意外，因为在中国，文科生精通电脑的并不多，而懂得维修电脑的人更是奇缺。由于嘉祥平时用功好学，在面试中成功地由学生角色转换成员工角色。嘉祥懂得在面试时露一手，使自己的成功成为可能。

面对众多的应试者，主考官凭什么要高看你一眼？要知道，哪一个想去应征高职的求职者没几样拿得出手的真本事？在僧多粥少的情况下，你只有尽快地让考官感受到你的能力，你成功的概率才会增大。

还有一个刚从学校毕业的大学生，急于要找一份工作，于是他备妥自传、履历表、学校成绩单以及教授的推荐函，到一家杂志社的人事部门毛遂自荐：“请问你们需要一位优秀的编辑吗？”

“不需要。”人事经理说。

“那么一个好的采访记者呢？”

“也不需要。”

“一名仔细的校对员呢？”

“不需要，我坦白地告诉你，目前行业不景气，各部门的人员都已额满，没有任何空缺。”

“经理，那你们必定需要这个东西。”话一说完，这个大学生立刻从背包中拿出一个设计精美的招牌，上面写着：“全部额满，暂不雇用。”

结果这个极富创意的大学生被公司高薪聘用，担任杂志社的宣传工作。

关键时刻露一手，不需要你付出很多代价，却会使你受益匪浅，你只要自信地走到机会面前，一定会取得意想不到的成功。

秘诀三 做别人不愿做的事情

好人气秘诀：能在大家避之唯恐不及的事情上勇敢地站出来，而且还能在此基础上把事情办得漂亮、圆满，别人不但会佩服你、赏识你，而且会更加亲近你、依靠你。

关键词：积极勇敢

平凡的事情、简单的事情、不费多大周折而又容易看到成果的事情，大家自然都会抢着去干，越是棘手的、麻烦的、有风险的事情，都会想办法能推则推，想方设法让它离自己远远的。这是绝大多数人的选择，也没有什么可指责的。然而，你若是能在大家避之唯恐不及的事情上勇敢地站出来，这种勇气本来就值得钦佩，如果你还能在此基础上把事情办得漂亮、圆满，别人不但会佩服你、赏识你，而且会更加地亲近你、依靠你。

有位总裁精力旺盛，而且对流行趋势反应极其敏锐。他才华横溢、精明干练，但是管理风格却十分独裁。对部属总是颐指气使，从不给他们独当一面的机会，人人都是奉命行事的小角色，连主管也不例外。

他的这种作风几乎令所有主管离心离德，大多数人一有机会便聚集在走廊上大发牢骚。对公司交代的事情能推就推，更别说是积极主动地为公司负责了。

然而有一位主管做人做事却颇有心计。他并非不了解顶头上司的缺点，但他的回应不是消极怠工，而是设法弥补这些缺失。上司颐指气使，他就加以缓冲，减轻下属的压力，又设法配合上司的长处，把努力的重点放在能够着力的范围内。

对那些其他人感到难办的事情，他总是主动请缨，要求由他去做，并设身处地地体会上司的需要与心意。

有一次，总裁外出。在那天半夜里，保安紧急通知几位主管，公司前不久因违纪开除的 3 名员工纠集外面一帮地痞打进厂里来了，已打伤数个保安和员工，砸烂了写字楼玻璃门。其他几位主管因为对总裁不满又不愿担负责任，就干脆装着不知道。而当那位积极主动的主管接到通知后，立刻赶赴现场，他首先想到的就是报警，接着又请求当地村落的治安队员火速增援。为控制局面，他用喇叭喊话，同对方谈判，稳住对方，直到民警和治安队员赶来将这帮肇事者一网打尽。

这件事情过后，总裁对他极为倚重，公司里的任何重大决策必经他的参与与认可。

一般来说，你能够在以下几个方面为上司挺身而出，一定会得到上司的另眼相看：

1. 当上司出现差错的时候，捕捉痕迹地为上司打圆场，必要时，应敢于将上司的责任揽在自己身上。

2. 在上司不便出面、不愿出面的场合要替上司出面摆平整个事情。比如，遭遇顾客的质问、应付兴师问罪的媒体、向合作伙伴道歉等之类的事情。

3. 对于难度较大的交涉，你也要敢于为上司挺身而出，哪怕你未必能交涉成功，但是对于那些急促的事情，因你的交涉能起到“缓兵”的效果，也是很值得上司赞赏的。

4. 主动帮助上司做员工的调解工作，像是“上司有上司的难处，我们应当体谅他。”“我们应该帮助他渡过眼前的难关，大家吃了亏上司心里也清楚，我相信以后他会补偿大家的。”如此一来，不但能平息员工的怒气，而且你在上司的心目中绝对是重量级的人物。

总之，你要善于掌握上司的心意，揣摩上司的心理，甚至还能抢先一步，将上司想说而未说的话给说了，想办而未办的事给办了，把个上司乐得美滋滋的，自然上司给予你的回报也总是沉甸甸的。

秘诀四 允许失败，鼓励尝试和创新

好人气秘诀：上司要宽容一点，强调员工所做努力中的积极方面，并让他们以积极的、“吃一堑，长一智”的态度对待失败，鼓励他们继续前进。

关键词：允许失败

当那些有革新意识并具有冒险精神的部属所做的一些尝试没能取得成功，而是失败，甚至是彻底的失败的时候，不要因此而惩罚他们。失败的部属已经感到非常难过了，羞愧、挫败感和尴尬的心情已经对他们产生了负面影响。此时，上司要宽容一点，强调员工所做努力中的积极方面，并让他们以积极的、“吃一堑，长一智”的态度对待失败，鼓励他们继续前进。失败是成功之母。要承认失败，继续前进，尽管去尝试别的途径。

当员工处于困境或失败中时，上司的褒奖会比平时管用一万倍。它可以让员工感到温暖和鼓励，对管理者感激不已，从而更加忠诚地为企业服务。

允许失败是有胆识和成熟的开始。因为发展会带来变革，而变革必然伴随失败。如果员工因太在乎不犯错误而求稳妥，也许就可能招致更大的错误发生。

在工作中采取一种“允许失败”的态度，使员工敢于正视自己的“失败”，其实是上司的另类激励。松下幸之助有一句名言：“如果你犯了一个诚实的错误，公司可以宽恕你，并把它作为一笔学费。但如果背离了公司的精神价值，就会受到严厉的批评直至被解雇。”

作为上司，一定要鼓励部属进行实验、革新和拥有积极进取的热情，要让大家知道你能够接受这样的事实：有些项目的结果并非一定能如我们所愿，但是，失败却让我们向成功迈进了一步。

要想成为一名出色的上司，不能只重视那些圆满完成任务的人。你必须认真对待那些已经尽力甚至做出了巨大牺牲，但由于其他无法克服的原因而未能完成任务的下属。一次失败可能使他们丧失了自信，没有了斗志，如果你能宽容他们，并适时地鼓励或者表扬一下，让他们明白自己的心血没有白费，他们肯定会重新恢复自信，找回自我。那么，下一次他们很有可能就不再是失败者了，而会是成功者了。

允许失败，就是鼓励尝试和创新，就是为成功铺路。允许失败，旨在激励失败者的挑战精神，以使其从失败中寻找成功的因素，把失败真正作为成功之母，从而最终获得成功。

如果管理者批评或惩罚了那些对失败负有责任的部属，那么，可能出现两种结果：第一种是，在他们以后的工作期间，他们不愿再做别的尝试；第二种是，他们会开始寻找其他能够接受他们的失败并鼓励他们继续努力的公司。

如果冒险和失败带来更多的是学习而不是惩罚，那么，人们就愿意冒险，因此也就有了创新的可能。所以，一个成功的管理者能意识到，在员工中形成冒险精神是激励员工发挥积极性和聪明才智的重要因素，也是促使个人与公司不断成长、发展的重要条件。

因此，成功的管理者会去创造一种氛围：提拔、奖励和支持敢于冒险的人，并且给人们从错误中学习的机会，这也是激励员工的有效方法。

鼓励失败要培养一种态度。面临失败挫折的员工，更想得到理解和鼓励。可以想象，当员工遭受到训斥和否定，而没有被理解时，他们会觉得在公司内部蔓延着一种令人紧张惧怕的气氛，他们彼此会传递着相互保护的信息，学会逃避责任和懒于创造。对此，杰克·韦尔奇有一句较为精辟的话："惩罚失败的后果是，没人会勇于尝试。"事实也是如此，一旦没有人勇于尝试新事物，公司自然会失去生命力。

秘诀五 以身作则，用无声的语言激励下属

好人气秘诀：领导者只有在关键时刻为员工作出好的榜样，才能起到带头表率作用，才能有效地激励员工。

关键词：以身作则

大圣人孔子曾经说过："己欲立而立人，己欲达而达人。"这句话的意思是说，只有自己愿意去做的事，你才能要求别人也去做，只有自己能够做到的事，才能要求别人。同样，作为现代企业领导者也必须以身作则，用无声的语言激励下属，才能充分发挥榜样的力量。

东芝公司是世界上有名的大企业。有一次，该公司的董事长士光敏夫听业务员反映，公司有一笔生意怎么也做不成，主要是因为买方的课长经常外出，多次登门拜访他都扑了空。士光敏夫听了情况后，沉思了一会儿，然后说："啊！请不要泄气，待我上门试试。"

业务员听到董事长要“御驾亲征”，不觉吃了一惊。一是担心董事长不相信自己的真实反映；二是担心董事长亲自上门推销，万一又碰不上那家企业的课长，岂不是太丢一家大企业董事长的脸？那位业务员越想越怕，急忙劝说：“董事长，您不必亲自为这些具体的小事操心，我多跑几趟总会碰上那位课长的。”

业务员没有理解董事长的想法。第二天士光敏夫真的亲自来到那位课长的办公室，但仍然没有见到课长。事实上，这是士光敏夫预料之中的事。他没有因此而告辞，而是坐在那里等候，等了老半天，那位课长回来了。当他看了士光敏夫的名片后，慌忙说道：“对不起，对不起，让您久候了。”士光敏夫毫无不悦之色，相反微笑地说：“贵公司生意兴隆，我应该等候。”

那位课长明知自己企业的交易额不算多，只不过几十万日元，而堂堂的东芝公司董事长亲自上门进行洽谈，觉得赏光不少，所以很快就谈成了这笔交易。最后，这位课长热切地握着士光敏夫的手说：“下次，本公司无论如何一定买东芝的产品，但唯一的条件是董事长不必亲自来。”随同士光敏夫前往洽谈的业务员，目睹此情此景，深受教育。

士光敏夫此举不仅做成了生意，而且以他坦诚的态度赢得了顾客。此外，他这种耐心而巧妙的营销技术，对本企业的广大员工是很好的教育和激励。

企业是一个有机整体，员工都在看领导者怎么做，继而就会跟着效仿。因此，领导者只有在关键时刻为员工作出好的榜样，才能起到带头表率作用，才能有效地激励员工。

领导者作为公司的灵魂人物，是全体下属员工学习和效法的榜样。因此，领导者一定要时刻注意自己的一言一行，避免造成负面影响。

1. 身教重于言教

领导者只有把说与做结合起来，用自己的行动做给下属看，才能更有说服力。把“照我说的做”改为“照我做的做”才会真正起到一个示范的表率作用，会对下属的行为产生十分重要的影响。因为更多的下属当遇到工作上的问题时经常会去请示自己的领导，领导此时在员工的心中无疑就是一个榜样一个楷模，成为员工经常模仿的对象。所以，作为企业的领导管理者，时时注意自己的举止言行，在工作上更要一丝不苟，以身教来给自己的下属一个最好的答案。相反，如果一个领导者工作松散，经常无故迟到，工作时间更是随意，私人电话一个接一个，全然不顾别人的眼光，工作过程中又不踏实，总是左顾右盼，盼望着早些下班，那么他就不是一个称职的领导，他所管辖的部门就很难有好的业绩，工作自然就会搞得一塌糊涂。

可见，作为现代企业的领导者必须以身作则，因为你的一言一行都有可能成为员工效仿的对象，只有用自己的实际行动说服下属，才能形成亲和力，才能表现出高度的凝聚力。

2. 时刻严格要求自己

企业领导不仅是原则的制定者，也是原则的执行者。他就好比团队的一面旗帜、一声号角。他的行为，感染着追随者的行为；他的指向，引导着团队的方向。

在领导直接下属的过程中，企业领导者应注意发挥在组织中的“示范效应”。要达到这个目的，你就应该在做到“严于律己”的同时，把律己的影响力辐射到你的周围，在本部门甚至本企业的所有成员中产生反响。要让员工们感到，企业领导既是一个组织中人事制度与政策的制定者，同时又是模范的执行者。

鲁冠球曾经说过：“喊破嗓子不如做出样子。”可见，作为一名企业的领导者，应该知道身教重于言教的意义。更应该知道“上行下效”的道理，领导者就像一位教师一样，每天都在传递给学生一些信息，下属也潜意识里时常把领导当做模范教师一样。所以，要事事处处从自己做起，起到一个模范的作用。一个人是否能不断地超越自我，很大程度上还取决于在物质生活条件越来越好的情况下，能不能保持清醒的头脑和严于律己的作风，只有继续发扬艰苦奋斗的精神，保持这种优良传统才能使自己的个人形象日趋完美。即便今天的你并不是一名卓越的领导者，而是一名普通的员工，但是你始终甘愿做一名默默无闻的普通员工吗？难道你就不想有所成绩有所突破吗？如果你想改变现在的工作状态，那么就请时时以身作则，这会让你在工作中表现得更加优异、更为出色，从而影响和带动员工追求更高的目标。

第十四章

激励法提升人气的三个秘诀

秘诀一 适时鼓舞人心，让下属看到希望

好人气秘诀：在员工遭遇迷茫、困惑的时候，上司要想方设法让员工看到希望，要让员工坚信，通过他们的努力，是可以克服前进道路上的任何障碍的。

关键词：鼓舞人心

杰出的领导者能够得心应手地影响部属，遇到问题时，不仅可以引导下属按照他的思路一步步找到问题的根本原因，避免冲突，还能够适时地鼓舞人心，激励部属的工作热情。

休斯·查姆斯是现代企业界的传奇人物，他的领导技巧令许多同行拍案叫绝，彼得·杜拉克称赞他是“领导大师”。他在担任美国国家收银机公司销售经理期间，曾面临一场危机，由于该公司的财务发生了困难，而这件事又恰恰被在各地负责推销的人员知道了。因此这些人失去了工作热情，销售量开始逐渐下跌。后来，情况严重到查姆斯和他手下的几千名销售员，可能会一齐被“炒鱿鱼”的地步。于是，查姆斯决定召开全体销售员大会，将全国各地的销售员都召回了总部。

查姆斯主持了这次会议。首先，他请几位最佳销售员讲述了销售量为何会下跌的原因。这些销售人员一次次向大家倾诉着同样的原因：商业不景气、

资金缺少等，当第五位销售人员开始列举无法达到平常销售配额的种种困难时，查姆斯突然跳到桌上高举双手说道："停止，大家停止 10 分钟，让我把我的皮鞋擦亮。"然后，他从容地请坐在附近的一名小工友把他的鞋子擦亮，而他就站在桌子上不动。

在场的销售人员都惊呆了，有些人甚至认为查姆斯突然发疯了。就在这时，小工友先擦亮查姆斯的第一只鞋子，然后又去擦亮另一只鞋子，他不慌不忙地擦着，表现出一流的擦鞋技巧。

皮鞋擦完之后，查姆斯给小工友一块钱小费，然后发表他的演说："我希望你们每个人好好看看这位小工友。他在我们的办公室里有工作权，他的前任是位白人小男孩，年纪比他大很多，尽管公司每周补贴他 5 元的薪水，但是他仍然无法赚取足以维生的费用。

"然而，这位小男孩不仅可以赚到相当可观的收入，而且服务的对象也完全相同。现在我问你们一个问题：那个白人小孩拉不到更多的生意，是谁的错？是他的错还是他的顾客的错？"

销售人员相互看了看，又不约而同地回答："应该是我们的错！"

"我很高兴，你们能坦率承认是你们的错。"查姆斯说道，"我现在要告诉你们，你们的错误在于，你们听到了有关本公司财务发生困难的谣言，这影响了你们的工作热忱。因此，你们就不像以前那样努力了。现在你们回到自己的销售地区，也保证在 30 天内，每人卖出 5 台收银机，那么本公司就不会再发生什么财务危机了，以后再卖出去的都是净赚的。你们愿意这样做吗？"

大家都说愿意，后来果然办到了。在不到一个月的时间里，所有销售人员都超额完成了任务，公司净赚了 100 万美元。

在员工遭遇迷茫、困惑的时候，上司要想方设法让员工看到希望，要让员工坚信，通过他们的努力，是可以克服前进道路上的任何障碍的。当员工看到希望并为这个希望而努力时，就没有任何的困难可言了。

秘诀二 以一颗火热的心真诚地对待他人

好人气秘诀：以一颗火热的心真诚地对待别人，使他们觉得很受重视，这样做就能对别人产生意料不到的作用。同样，别人反过来也会尊重你，以积极的态度对待你。

关键词：真诚对待

我们每个人心中都有一种想当重要人物的感觉，一旦别人帮助他实现了或让他体验到了这种感觉，他当然会对这个人感激不尽。

美国“化妆品皇后”玫琳·凯公司里的一位推销员，虽然很有能力，但由于她经验不足，两次展销会都没有卖出什么东西。在第三次展销会上，她终于卖出了35美元的东西。虽然在大多数人眼中，这个数目少得可怜，但玫琳·凯反而表扬她说：“你卖出了35美元的商品，比前两次强多了，真是了不起！”老板并没有因该业务员卖得少而对她冷眼相待，而是表现出对她欣赏的姿态，令这位推销员心里热乎乎的。通过自己的努力，她终于成了一名著名的推销员，财富与名望都不断增加。

以一颗火热的心真诚地对待别人，使他们觉得很受重视，这样做就能对别人产生意料不到的作用。同样，别人反过来也会尊重你，以积极的态度对待你。

“我相信你”是指对他人工作能力以及工作态度的认同，也包括性格与态度方面的认同；而“我认同你”也差不多是同样的意思。所以被上司说“我认同你”及“我相信你”这两句话，其实是非常重大的事情，然而最近的年轻人，却有轻易地就想获得这句话的倾向。

特别是关于工作方面，不累积某种程度的经验的话，原本就不会获得上司的认同。在工作上发挥实力、提高绩效，这就是公司给予认同的本质。然而，如果上司想对新进不久的员工说“你还不行呢”之类的话时，年轻人便会脸色大变地追问“难道就不认同真实的我吗”？

人是希望获得别人认同、希望有别人信赖的。这些在现在的年轻一代身上尤其明显。

所以，身为上司，一看到员工有积极的表现就说“我相信你”及“我认同你”。不管是哪一句话，都是对对方的最高赞词。就结果来说，上司应该会因此而收到大回馈的。

秘诀三 批评下属时要有褒有贬

好人气秘诀：管理者批评下属时，一个简单的妙方就是有褒有贬：在批评他的错误和指出其不足的同时，肯定他某些成功的方面。

关键词：有褒有贬

下属做错了事，理所当然要受到批评和惩罚，但如何处理得恰当、得体，不至于造成不良的影响呢？这是许多管理者感到十分棘手的问题，这里有一个简单的妙方：有褒有贬。在批评他的错误和指出其不足的同时，肯定他某些成功的方面。

乔治·班在这个技巧的运用上是个专家，他所发明的“夹心饼”法，真是让人拍案叫绝。这种方法就是：把你所要批评的东西作为一种“馅”，放在两种值得表扬的事中间，做到有褒有贬，最后往往能收到最佳效果。

乔治·班经营一家广告策划公司，他的职员中有位叫钟斯的年轻人经常迟到，有时甚至多达半个小时之久。乔治·班为了制止钟斯上班迟到的坏习惯，就采取了“夹心饼”的办法。他把钟斯叫到了自己的办公室，当钟斯刚踏进他办公室的时候，乔治·班就礼貌地站起来，欣喜地告诉他："你这几天的工作成绩很不错，有几项广告创意被大公司用重金买断，反映很不错，你实为公司不可多得的人才。"这是乔治·班所做的"夹心饼"最上面的一层。

接下来是里面的馅，应该批评他了。"钟斯，有一家公司听说你的策划很有特色，想和你单独谈谈，昨天他们的一位公关人员一上班就打来了电话，当时你还没有到公司。今天早上，那人又亲自来了一趟，可是等到8点20你还没到，他还以为你有什么急事不能脱身，今天不来上班了呢！"乔治·班终于亮出了"馅"，接着又语重心长地说："你上班总是迟到，客户来了找不到你，正常业务无法进行，这对你自己的工作是一种损失，对公司的利益也是一大损失。因此我希望你能按时上班，不要让其他员工为偶尔的迟到找借口。"

说到这里，"馅"已经做完，只剩下最后一层了。乔治·班又强调道："你作为公司的重要干部，的确为大家带来不少的利益，公司不能没有你，我希望你能明白自己的地位，我们大家对你都寄予了希望。"

显而易见，上面所讲的"夹心饼"例子，就是要把批评的事作为"馅"夹在两件值得表扬的事中间，这样不至于让受批评者感到尴尬和难堪，反而在内心深处对这种批评加以接受，同时又不会伤害员工的自尊。受批评者明白了自己的错误，又认识到自身存在的重要性，就会认真改正错误，也会更加努力工作。假如管理者当着公司员工的面，直接批评："钟斯，不要以为你工作表现出色，就可以随随便便迟到，从现在起，再也不准做违反公司规章制度的事情！"其结果可想而知。一个优秀的员工可能就会离你而去，这不仅对你没有好处，对整个公司更是一个巨大的损失。

大凡有经验的领导在批评下属时，都会在批评之前对批评对象的优点和成绩进行表扬和肯定，然后再指出他的缺点和错误。这样，被批评者会觉得领导的批评是善意的，是为了帮助自己改正错误，对问题的分析也是中肯的、切合实际的，对自己的评价也是实事求是、客观公正的，不至于丧失信心，更不会埋怨领导，对领导耿耿于怀。所以，在批评下属之前，宜先来点表扬。当然，表扬也好，批评也好，都有赖于双方的接触沟通。

正如理发师总是先给顾客抹上肥皂泡，然后再为他刮胡子一样，批评只有被对方接受方才有效。如果下级明知批评有理，却时时为了自己的面子而推脱或口是心非，为什么不在批评之前给他“抹上肥皂泡”呢？任何一个下级都不会只有错误而没有长处、成绩，那么何不先表扬后批评呢？这时，被批评者会觉得领导的批评是善意的，对问题的分析是全面的，而且不会产生委屈的感觉，更不会对领导产生抱怨或抵触的情绪。

第十五章

口才提升人气的五个秘诀

秘诀一 多说对方喜欢听的

好人气秘诀：与智慧型的人说话，凭借的是见闻的广博；与见闻广博的人说话，凭借的是辨析的能力；与善辩的人说话，就要简明扼要，对方所喜欢的，就模仿而顺从他；对方所讨厌的，就避开而不谈它。

关键词：多说好话

鬼谷子认为：与智慧型的人说话，凭借的是见闻的广博；与见闻广博的人说话，凭借的是辨析的能力；与善辩的人说话，就要简明扼要；与上司说话，就要用奇妙的事来打动他；与下属说话，就要用好处来说服他；别人不愿意做的事情，就不要勉强；对方所喜欢的，就模仿而顺从他；对方所讨厌的，就避开而不谈它。能做到这些，就算利用好了你的舌头。

日本有一家关西药房，这家药房的老板特别善于恭维别人，话从他嘴里说出来总是那么动听，因而生意兴隆。每当顾客一上门，他就马上起身相迎，满脸带着笑容，打躬作揖地说"欢迎光临"，使进店来的顾客感到心情愉悦，产生被人重视的满足感。接下来，药房老板开始发自内心地恭维他的顾客，例如对于年纪大的人，就说"你看起来真年轻"，对于爱美喜欢打扮的小姐太太，说些"你身上穿的这套衣服很漂亮"之类令人听了舒坦又温馨的话。

当然，说好听的话也要出于真诚，倘若你以漫不经心的态度，向对方说一些听起来舒坦愉悦的话语，即使是礼貌性的赞美，有时对方非但不接受你的心意，反而会对你产生虚伪的不良印象。因此，诚恳认真的表情是打动对方心理的重要策略。

记得多年以前，笔者到店里去买自行车，由于知道自己身长腿短，长得不成比例，选好车子付了钱之后，便请老板把车座调低，谁知车店的老板一番仔细观察后，以极具真诚的表情说："先生，你的腿绝对是长的！"顿时，我投降了，飘飘然地望着老板把自行车的座调高。然后，以风驰电掣般的速度，骑着被调高座的自行车驶向温暖的家。路上，想着老板充满自信又果断的"你的腿绝对是长的"这句话，内心不由自主地欣喜若狂。

那位老板的赞美显然不符合事实，而且他的动机也不清楚，纵然如此，我还是很感谢他，当然不是向他的假话表示感谢，而是对他那"以认真的表情作礼貌性赞美"的态度表示由衷的谢意。

毋庸置疑，作礼貌性的赞美时，你的最佳策略便是"认真的表情"。最好是在恭维对方时，能够把既干脆又果断的说法及语气派上用场。比如说，在与他人打招呼寒暄"你看起来容光焕发，神采奕奕"之后，马上再补上一句"看起来比你的实际年龄年轻多了！"相信对方必然会洋溢一股飘飘然的满足感，对你更是产生良好的印象，因为喜欢被人赞美年轻是人之常情。

世上之人个个都喜欢听好听的话。这是因为每个人都有希望，年轻人希望寄托于自身，老年人希望寄托于子孙，年轻人自以为前途无量，你如果能举出几点证明他的将来一定大有成就，他肯定十分高兴。只要你是出于真诚，他就会引你为知己。

秘诀二 赞美对方要讲究语言艺术

好人气秘诀：没有正中目标的称赞方式，不但不会获得对方好感，反而还会引起对方的不悦，甚至还可能燃起对方的敌对意识。

关键词：赞美得体

基本上，没有人会因为被别人赞美而感到不愉快，或者对对方产生反感或抱持敌意的。人这种感情动物的殷切需求，就是希望能够得到他人的"认同"、"接受"及"正面的评价"。

但是，没有正中目标的称赞方式，不但不会获得对方好感，反而还会引起对方的不悦，甚至还可能燃起对方的敌对意识。

如果你对有些福态的女性说："你看起来很健康，很好呢。"对方或许反而会想："你就是想说我胖吧。直戳我最在意的部分，真令人讨厌。"

原本只是想称赞有着黝黑肤色的女性："小麦色的肌肤，好棒呢。"或许反而会招惹对方的怨气："怎样，我就是皮肤黑，碍着你了吗？"

那么，要赞美对方什么才好呢？如何让你的称赞得体呢？或者说你应该怎样通过赞美来笼络住初次见面的人呢？

1. 当对方希望你称赞时，就直截了当地称赞

赞美的重点之一在于，对方自认为得意或者重要的地方，就是你要注意称赞对方的地方。也就是说，要称赞就称赞对方打从心里希望别人称赞的地方。

例如，对于时尚毫不在意也不关心，总是穿着老婆为他挑选的衣服，对这样的男人称赞"科长，你的穿着很有品位呢。"他的反应可能会是有些腼腆地说："没这回事啦。"不过，这对他而言，丝毫没有打动内心的效果。

相对地，对于流行时尚比一般人都用心的爱美人士，就要这样称赞他："你的打扮总是跟别人不一样，我知道，就算是不显眼的地方你也都用心打扮。这种不大对称的松垮感，不就是现在最流行的吗？"这样一来，对方就会想："喔，原来你也注意到了啊！"因为自己骄傲的地方受到注意，因而会对称赞自己的人另眼相看。

2. 没有什么长处的人，称赞他的内在，可令他感动

想要取悦别人，不论对象是谁，都可以称赞他的内在。

例如，跟一般的人没有什么两样的普通开朗的人，可以这样称赞他："你很开朗，真好，和你在一起，我也开朗起来了。""你的感情很丰富。""你很会照顾别人。""你很细心。""你不但彬彬有礼，而且还很爽朗。"诸如此类可以称赞的地方应该很多。

就算被称赞的地方不是那么正中下怀，因为内在这个东西是很抽象的，所以被称赞的一方是不会有不好的感觉的。

3. 称赞就连对方自己都没有发现的长处，打动他的心

人有时候实际上连自己的事情都不十分清楚，人会认为自己的事情自己最清楚，然而实际上那通常是错觉，只不过是自以为是如此而已。

所谓自己的事情自己最清楚，所清楚的不过就是出生年月日等客观的数据，或者喜欢吃鱼而不喜欢吃肉等嗜好，而自己的长处，很多人都是没有注意到的。

所以，找出就连对方自己都没有注意到的长处，并称赞它，对方会因此而感到高兴，并对你有好感。

此外，许多人对于自己的性格或者资质，总认为那就是缺点。例如，对别人执著的人（就好的方向来说就是喜欢别人），就人际关系上来说，有时候会被认为是很"啰嗦"，而引人厌恶。如果被别人说"你真是个啰嗦的人"，不但会遭受打击，并且还会认为"啰嗦"就是自己的缺点。

但是，实际上，那不见得就是缺点。“啰嗦”有时候也是一项优点。啰嗦的人做起事来很有韧性，不会轻言放弃。所以，人的缺点也可能是长处或者优点。

任谁都一样，承认自己的缺点是一件很痛苦的事情。所以，当自己的缺点被别人说成是优点时的喜悦，是非常特别的。其结果是，对方会因而感谢你，并对你放开胸怀。

怕生而不愿意交朋友的人，就告诉他“怕生是谦虚的证明”；深沉且容易烦恼的人，不妨告诉他“深思熟虑的人虽然看起来沉默寡言，不过也是会让人想要依赖的。”

4. 用笑容笼络对方

面对第一次见面的人也好、见过几次面的人也好、熟人朋友也好，见面的瞬间就露出满意的笑容。这样的笑容隐藏着“见到你真是很高兴”的信息。

笑容可以笼络对方，因为被笑脸对待的人会有“这个人对我有好感”的想法和错觉。在美好的笑容已经不常见的现代，满脸的笑容已经成为吸引人的一项强大的利器。但是，可不能将“笑容”与“笑”混为一谈。近来不会好好的微笑而只会傻笑的人越来越多了。

笑容与傻笑是不一样的。像是“贵公司生意兴隆，真是好极了。哈、哈、哈！”如此没什么意义的傻笑，就只会让对方不愉快而已。甚至还会招来对方的反击：“没什么好笑的竟然笑成那副德性。”

美好的笑容有时候会胜过一百句的赞美。见到了人就微微一笑，这正是笼络人的武器。除了经常将这件事情放在心里，还可以每天对着镜子练习微笑，那就更好了。

5. 已经习惯被称赞的人，将他捧上天

已经习惯被称赞的人，对于轻描淡写的称赞是不会有什么感觉的。例如从小就因为美貌而一路被人称赞过来的美少女，已经将美貌受到赞美视为理所当然。

对这类女性，以极为普通的“你很漂亮”的方式来赞美，她就会因为“这我早就知道了”而不当一回事。

对于这种情况，若要称赞她的美貌，如果不先准备好与众不同的赞词，是没有办法打动对方的。

例如，可以用较夸张的说法：“我从来没有想过可以亲眼目睹像你这么漂亮的人。”或者，运用就连说的人也会觉得不好意思的方式也行：“你的美丽让我四肢无力，我觉得要开始晕眩了。”

对于自己的美貌很有自信的女性已经习惯被称赞，不过像这样被人大加赞叹，经历的应该不多，所以她一定会在意并牢牢记住你。

秘诀三　用真情打动对方

好人气秘诀：善于煽情表演的高手，知道如何表演真挚的情感，并能准确地拿捏好分寸，使讲出的话既具有煽动性，又不至于过火。

关键词：以情感人

要有效地调动听众的情绪，除了以自己的激情感染听众以外，还要用你的真情打动听众，苍白无力地讲话，当然不能吸引听众的注意力，对于一个特别感人的事件，蹩脚的讲话者是表达不出感情的，相反，善于煽情表演的高手，知道如何表演真挚的情感，并能准确地拿捏好分寸，使讲出的话既具有煽动性，又不至于过火。这就很好地达到了煽情所要达到的目的。

三木武吉曾经是日本很有名的政治家。第二次世界大战后第一次竞选时，他曾到备川县的高松市去讲演。当他讲到“战后的日本怎样才能马上恢复建设”时，突然，听众席中传来一个妇女的喊声：“喂，三木武吉，你不是娶了6个老婆吗？像你这样的人怎么使日本恢复建设呢？”

三木武吉听后没有惊慌，他镇静自如地回答道："这位女士，确实如此，我年轻时是个享乐主义者，娶了好几房妻子，而且战争中也常带着她们东躲西藏地避难，这可以说是男人的劣根性。但现在，她们都已经人老珠黄，不中用了。如果我把她们抛弃了，今后谁来养活她们呢？还有一点，你说的不正确，是7个，不是6个。"听了他的回答，全场立即响起了热烈的掌声。选举的结果是三木武吉以高票当选。这里，三木武吉就是巧妙地利用了自己的错误，赢得他人的同情获得成功。

"感人心者，莫先乎于情"。这是一种以己达人的艺术，不仅要以理服人，以事喻人，更要以情动人，即通过丰富的情感展示引起人们相应的情感体验，从而影响人们的行为以及观点的变化，取得最佳的效果。

以情感人的最佳方法在于现身说法，以自己亲身的经历和遭遇劝导别人，感受真实，情真意切，最易引起对方的共振。

美国南北战争结束后，有两位军人竞选国会议员。一位是著名英雄陶克将军，陶克功勋卓著，曾任过两三次国会议员；另一位则是约瑟夫·爱伦，是一位普通的士兵。

陶克的演讲是："诸位同胞们，记得17年前（南北战争时）的昨天晚上，我虽带兵与敌人激战，经过激烈的血战后，我在山上的树丛里睡了一个晚上。如果大家没有忘记那次艰苦卓绝的战斗，请在选举中，也不要忘记那位吃尽苦头、风餐露宿、造就伟大战功的人。"

这段话很精彩，感情色彩很浓。

爱伦的演讲是："同胞们，陶克将军说得不错，他确实在那次战争中立下了奇功。我当时是他手下的一个无名小卒，替他出生入死，冲锋陷阵。这还不算，当他在树林里安睡时，我还得携带武器站在荒野上，饱尝风寒露冷的味儿，来保护他。"

爱伦的演讲更动人，更易激起共鸣。他打败了陶克，取得了胜利。

秘诀四 说服他人时，先让对方多说“是”

好人气秘诀：说服他人是件很困难的事，一开始先谈些彼此间赞同的事情，让对方多说是，这样可引导对方进入一个已经确定的方向。

关键词：说话技巧

懂得说话技巧的人，会在对方一开始的时候就成功地得到许多“是”的答案。这些答复会引导对方进入一个已经确定的方向，就像撞球一样，虽然一开始你瞄准的是另外一个方向，当反弹之后，你将会得到自己想要的轨迹。

西屋公司推销员爱力逊负责的推销区域，住着一个有钱的大企业家史密斯先生，公司极想卖给他一批货物，以往的推销员几乎花了10年时间，却始终没有谈成一笔交易。爱力逊接管这一地区后，花了3年时间，对方才买了几台发动机。他想如果这次买卖做成，发动机没有毛病，以后就可以向他推销几百台发动机。

可是，这份高兴似乎太早了。史密斯先生见到他就说：“爱力逊，我们不能再多买你的发动机了。”

他心头一震，就问：“是什么原因？”

史密斯先生说：“你们的发动机太热，我不能将手放在上面。”

爱力逊知道如果跟他争辩，不会有任何好处，过去就有这样的情形。现在，他想运用如何让他说出“是”的办法。

他向史密斯先生说：“你所说的我完全同意。如果那发动机发热过高，我希望你就别买了。你当然不希望它的温度超出电工协会所规定的标准，是不是？”

爱力逊获得了第一个“是”字。

爱力逊又说："电工协会规定，一台标准的发动机可以较室内温度高出华氏 72 度，是不是？"

史密斯先生说："是的，可是，你的发动机却比这温度高。"

爱力逊没和他争辩，只问："工厂温度是多少？"

史密斯先生想了想，说："大约华氏 75 度左右。"

爱力逊说："这就是了，工厂温度 75 度，再加上 72 度，一共是 147 度。如果你把手放进 147 度的热水里，是不是会把手烫伤？"

史密斯先生还是说"是"。

爱力逊接着说："史密斯先生，你别用手碰那台发动机，那不就行了。"

史密斯先生接受了这个建议。谈了一阵后，史密斯先生把秘书叫来，为下个月订了差不多 30000 美元的货物。

说服他人是件很困难的事，跟人们谈话时，一开始不要谈你们意见相左的事，不妨谈些彼此间赞同的事情。如果可能的话，你更应该提出你的见解，告诉对方，你们所追求的是同一个目标，只是方法有差异而已。

1. 强调双方都同意的事情

记住这一点吧，当你在与别人交谈的时候，先不要去讨论那些你不同意的事情。你最好先去强调那些你同意的事情，不停地强调这些事情。因为你们都是在为同样的一个结论而努力，你要明白，你们的差异之处只是方法，而绝非目的。

可是，依旧有许多人忽略了这一简单的技巧，他们错误地认为，在开始就提出相反的意见正好可以显示出自己的重要和充满主见。于是他们这样做了——虽然事实上结果并非如此。这种让别人说"是"的技巧充满了现实意义。

2. 说"不过……"，想要反驳时改说"的确如此"

在谈论什么话题的时候，如果对方一直以"不过啊"、"但是"等否定的接续词来回应的话，那么说话的人也会说得不起劲。因为想要说，所以才会说，因为觉得好，所以才想要告诉对方自己的想法或者信息，但是得到的却是“不过啊”，是会让人受不了的。

人是很喜欢发表自己得意的事情的，特别是自己的知识或者感觉。在大多数的人只要有人愿意听自己说话就感到欣慰的现代社会，当一名反应热烈的优良听众是可以虏获人心的。

3. 配合对方来行动，与他同心

具有超强说服力的人，绝对不会忽视别人的喜好或者步调，他们会积极地配合别人的步调，这首先就能得到被说服者的欢迎。

根据日本心理学家涉古昌三教授的说法，当亲密的两个人一起说话时，不论是笑、点头、手的动作、视线的移动，两人都是一致的。同样的道理，当你想要说服某个人的时候，通过相同的动作与姿势，是可以抓住对方的心理的。配合对方的谈话，或者有意识地赞同他的说法，这样就足够了。

4. 对他所重视的事情表示赞同

高明的说服者，就是要对对方所重视的事物表示赞同，这样很容易就可以获得对方的好感。

相反，对对方觉得无所谓的事情也给予好评，或者对方讨厌的事情还说个不停，就只会令对方不愉快而已。也就是说，想要成功说服别人，能否了解对方所看重的事情是什么，对方希望你表示赞同的事情是什么，说服的方式也就全然不同了。

此外，既然对对方的想法表示赞同，却又压低自己的姿态，这是损害对方自尊的一种方法。向对方传达自己也有相同的顾虑，吸引对方的注意，再不着痕迹地请教对方，这样便可以抬高对方的自尊心，进而达到说服的目的。

秘诀五 软磨硬泡，打开对方的心扉

好人气秘诀：对于一个陌生人来说，要他一开始就领你的情，这种想法未免天真。在这种情况下，你就要善于和对方“磨”。

关键词：以情动人

要以情动人，就是要使对方领你的情。如果对方不领你的情，那你也白搭。对于一个陌生人来说，要他一开始就领你的情，这种想法未免天真。在这种情况下，你就要善于和对方“磨”。因为此时正常的渠道走不通，只有通过“磨”才能达到你的目的。

让陌生人打开心扉，最有效的一招就是软磨硬泡。这种方法看起来有点不可思议，但是，只有这样才能达到你的目的。因为有些时候，对方因种种原因不同意你的请求，而此事又是合情合理的，这种情况下只能“磨”了。那么，怎样才能“磨”到点上呢？其实很简单，只要你遵照以下方法即可。

第一，要彬彬有礼，摆事实、讲道理，要笑容满面，要经常出现在能让对方看到的场合，例如，他的办公室、家里等。而且每次都要准时无误，让对方感觉到你好像是在上班一样，一到点就赶过来。这样对方总能看到你，也就总能想到你的事情了。

第二，要运用煽情的手法引起对方的注意，能感动人，要积极主动地向对方解释，与对方沟通，不间断地软化对方的意志。因此，必须是全身心投入，必须有百折不挠的精神。

第三，“磨”不是要无赖，可以是一种静静的、礼貌的等待，等待对方尽快给予答复。不要让对方感到你是在故意找麻烦，故意影响他的工作和学习。要尽量通情达理，尽量减少对对方的干扰，这样才能“磨”成功。“磨”可以不露锋芒，不提要办的事，只是不间断地接近对方，使双方与你关系渐近，让对方更多地了解你、同情你，从而产生帮助你的愿望。也就是说，你想办法与对方接近或与对方家人接近，并通过各种方法跟他们搞好关系，从感情上贴近。这种感情上的磨，对方是难以拒绝的。

第三篇

如何赢得好人脉

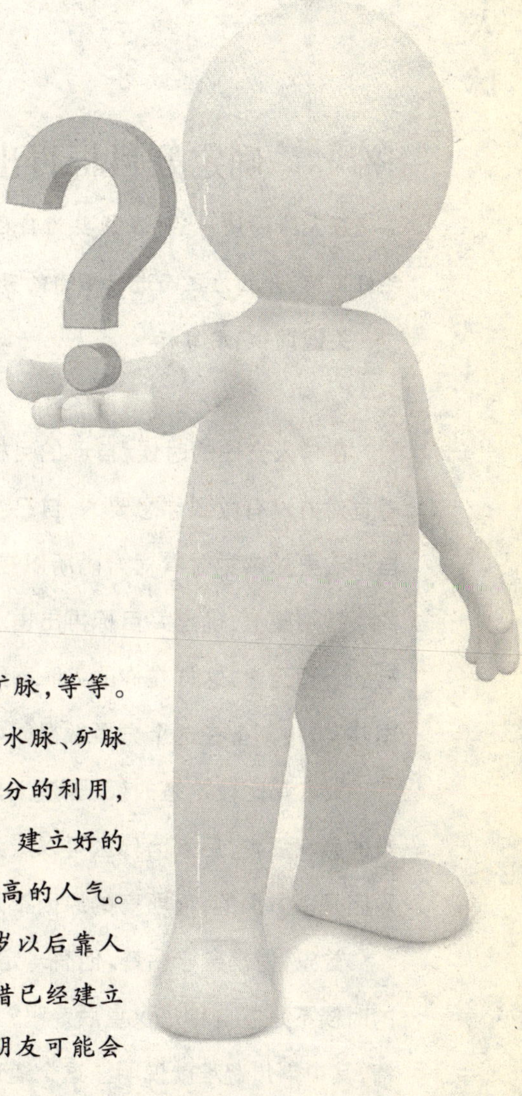

对“脉”的阐释，可见于山脉、水脉、矿脉，等等。而人脉则是指人际交往的脉络。对山脉、水脉、矿脉的精心选择，可以使这些资源得到有效充分的利用，而人脉的构建和优化也具有同样的意义。建立好的人脉，就意味着可以获得更好的人缘、更高的人气。有成功者言：“30 岁以前靠专业赚钱，30 岁以后靠人脉赚钱。”这是有道理的。所以，请好好珍惜已经建立起来的人脉关系，因为这几年你认识的朋友可能会是你将来最宝贵的财富。

第十六章

规划人脉的五个秘诀

秘诀一 确定好目标再出发

好人缘秘诀：当你在想要为自己的人脉力量进行蓄能的时候，一定要先确定好目标，并且为之而进行不懈的努力，这样才有成功的可能。

关键词：确定目标

在与人交往的时候，自己的目标不能过高，但是也不要过低，因为过高会感觉对方没有做到你想要的，自己会很失望。如果过低会感觉对方做得太多，自己心里总感觉欠着对方。所以在进行人脉拓展的时候，一定要调整好自己的心理期望值，确定好目标再出击。想要调整好心理期望值，关键是要解决自己的心理因素，这样在你的人脉网络中才不会出现问题。说到这不由想起《三国演义》中刘备在这个方面做得很好。

大家都比较熟悉的《三国演义》中的刘备，他早期不过是一个卖草鞋的落难的皇家后裔，后来为什么可以成为三国鼎立之一的一方霸主呢？可以说，其原因是多方面的，而所有的原因都是和人脉分不开的。

首先，他是皇家后裔，他有一定的宗族关系和人脉。比如早期的他刚起军的时候不是就自称是汉皇后裔吗？这种身份使世人及宗族中的人给他很多同情，其中荆州避难就说明了这个道理。

其次，他依靠的是结盟关系。比如关、张为刘备赢得一方天下立了汗马功劳，二人之所以能做到舍命保刘备，是因为“桃园三结义”的原因。三是人情关系。三国局面的出现，诸葛亮功不可没，其之所以能做到“鞠躬尽瘁，死而后已”，无非是为了报答三顾茅庐之恩。其实就是在三顾茅庐的时候，刘备调整好心理期望值再出击最好的诠释。

汉末，黄巾事起，天下大乱，曹操坐据朝廷，孙权拥兵东吴，汉宗室豫州牧刘备听徐庶和司马徽说诸葛亮很有学识，又有才能，就和关羽、张飞带着礼物到隆中(今河南南阳城西，一说为湖北襄阳城西南)卧龙岗去请诸葛亮出山辅佐他。恰巧诸葛亮这天出去了，刘备只得失望地回去。不久，刘备又和关羽、张飞冒着大风雪第二次去请诸葛亮，不料诸葛亮又出外闲游去了。张飞本不愿意再来，见诸葛亮不在家，就催着要回去。刘备只得留下一封信，表达自己对诸葛亮的敬佩和请他出来帮助自己挽救国家危险局面的愿望。过了一些时候，刘备吃了3天素，准备再去请诸葛亮。关羽说诸葛亮也许是徒有一个虚名，未必有真才实学，不用去了。张飞却主张由他一个人去叫，如他不来，就用绳子把他捆来。刘备把张飞责备了一顿，又和他俩第3次访诸葛亮。那时，诸葛亮正在睡觉。刘备不敢惊动他，一直站到诸葛亮自然醒来，才彼此坐下谈话。

诸葛亮见到刘备有志替国家做事，而且诚恳地请他帮助，就出来全力帮助刘备建立蜀汉皇朝。

刘备的成功不是偶然的，完全是他努力的结果。并且很重要的一点就在于，他在三顾茅庐的时候心理调整得比较好，没有因为两次去请诸葛亮未成功而烦恼，而是又去了第三次。所以他成功了，最终收获了成功的果实。

秘诀二 平日里用心积累人脉关系

好人脉秘诀：机遇总是留给有准备的人，平常就要注重对人脉的积聚和保护，定期整理通信录，这就是人脉数据库了。除了接洽方式和基础信息，其中还应当记载照片、相关网页、诞辰、什么时候沟通过什么主题、对方的爱好、故乡、学校、专业等等能够辅助我们未来沟通和工作用得上的信息。

关键词：积累人脉

想要挖好这口“人脉井”，你需要付出比提桶者更多的细心和勇气。如何才能够利用有限的空间和能力去结识更多的人，丰富自己的人脉网呢？这就需要多花些心思，找到一个合适的切入点，在开始挖井前，做好充分的准备。

有一个名叫阿峰的人，就在挖井前做好了准备工作，现在就让我们来看看他的经历吧。

阿峰在一家不是太出名的洗发水公司工作5年有余了，在这段期间，他凭借着自身的努力和不断积累的人脉资源，为公司创造了丰厚的业绩，从而也顺利地登上了副总的宝座。

有一次，化妆品行业准备召开一场专业座谈会，与会的主要是行业内领头公司的老总及副总参加，共同研讨一些有关于化妆品市场及发展的相关课题。阿峰通过朋友的关系也有幸获得了一张珍贵的入场券。虽说这次行业内的聚会对他目前的工作可能起不上太大的推动作用，但是在阿峰眼里，这却是个结交新人脉的绝佳时机。

拿到参会人员的名单和日程安排表的时候，阿峰有些为难了。因为这次会议的安排时间太过于紧凑了，以致留给他与人沟通的时间仅为中午聚餐时可怜的1个小时。要知道，参加会议的人可都是行业内的顶级人物，平日里若是想要与他们相识，都是极其不容易的一件事情，这么好的机会，如何才能够把握住这短暂的时间，将自己成功地留存于他们的印象中呢？

会议进行到中午，各大公司的老总一同走进了自助餐厅。三两个熟识的人围坐在一桌闲聊着无关痛痒的话题。阿峰趁着王总挑选食物的空当，慢慢地走了过来。

“王总，您今天满面春风，心情愉快，我猜想，您的女儿一定是接到了她想要进入的大学的录取通知书了吧？”

王总有些惊诧地看了阿峰一眼，随即微微一笑：“是的，昨天刚刚送到了家里，奇怪，这事情你是怎么知道的？我还没有来得及将这个消息告诉给其他人呢。”

站在一旁的李总眉开眼笑地说：“王哥，这就是您的不对了，这么大的喜事怎么不第一时间通知我啊？真是有点不够意思，哈哈，恭喜恭喜！”

还没等王总说话，阿峰便对着李总说：“李总，您跟王总兄弟相称这都是大家耳熟能详的事情了，这次，恐怕王总要破费请您大吃一顿了。”“哈哈，说得对，一定要他请客，这就是他不马上告诉我这个喜事的惩罚！”李总言语里满是欢快的语气。当然了，最好的朋友家里有这样的喜事，又怎么会不兴奋异常呢？

王总拍了拍李总的肩膀：“放心，这顿饭你不说我也一定是要请的，”然后转过头来问阿峰：“你叫什么名字？吃饭的时候你也一起来吧。”

说到这里，你一定会问，到底是什么原因使阿峰这样轻易地就“俘获”了王总的心？其实秘诀很简单，在参加会议之前，阿峰就已经通过朋友将他想要关注的几位老总的资料拿到手上了，在进行了细心的整理和阅览后，他发现王总的女儿今年正好参加高考，这是个很容易与他进行攀谈的切入话题，并且碰巧的是，阿峰的女儿恰恰在会议前一天接到了录取通知书。同样作为父亲，自然会了解到那份快乐的感受了！

秘诀三 上好人生中最重要的一堂人脉课

好人脉秘诀：如果你不想从天生的富翁转而成为贫瘠的流浪者的话，那么积累丰厚的人脉资本就是你必须上好的一门功课了。

关键词：人脉课

在你的人生历程中，如果"人脉老师"没有及时地出现，没有关系，有时候他人的经验也是值得我们借鉴的。在这里，世界一流人脉关系专家哈维·麦凯是如何说服乡村俱乐部主席免费让自己加入俱乐部的故事，就是值得我们学习的一堂重要的人脉课。

哈维·麦凯刚刚大学毕业后，在找工作的时候遇到了各种挫折，雄心勃勃的他一连几次面试失败，这给了他不小的打击。最后，靠着他父亲的人脉关系，他得以在沃德的品园信封公司谋得一个卖信封的职位。可是当时，他的收入非常低微，连普通的公寓都租不起，不幸的是在那一年他的母亲也过世了，家境陷入了艰难的境地。

对于一个刚刚毕业不久的学生来说，这样的处境让他更加急切地想找到一条通往成功的捷径。"为什么不善加利用一己之长？"哈维·麦凯的父亲为他指点了前行的方向。"明天你去明尼亚波里斯找乡村俱乐部委员会，他们在明尼亚波里斯高尔夫联盟(Minneapolis City Colf League)里的成绩一向是排在后面的。你要告诉他们你曾经在明尼苏达州大学高尔夫球队里的表现，你不但赢得过两次市冠军，而且还成为州立高中竞赛的亚军。他们现在非常需要新鲜血液的加入，更加需要人才。但是他们那的入会费高得惊人，我们这样的家庭是无法负担得起的，你必须要想办法说服他们让你免费加入。""若是你幸运地得到了他们的接受，那么你就可以从那里得到无限大的商业潜力了。我想目前他们大概有300名会员，而这其中大部分的人都会因为你对俱乐部的卓越贡献而愿意与你交往。说不定你那位大方并且有远见的老板，在见到你的一些成绩之后，也会十分愿意为你缴付以后的年费。"哈维·麦凯的父亲兴奋地说。

听完父亲的话，哈维·麦凯简直是雀跃不已，他恨不得明天早点到来。第二天，哈维·麦凯便只身来到了俱乐部，他向俱乐部主席说明了他曾经获得的荣誉，并且明确表示自己无法负担那笔天文数字的入会费，所以他请求俱乐部允许让他免费加入，并且希望他的加入能为俱乐部的发展带来更好的契机。"免费？你希望我们能够接受你，一个年仅22岁的小伙子？在整个俱乐部里，没有人认识你，凭什么要求对你免费？我如果免费让你进来，你一定会骚扰我们俱乐部里的会员，向他们推销你的信封，这会破坏我们的规矩，扰乱俱乐部的秩序。对不起，我不能这样做。"

"不不不，我的本意并不是这样。我的意思是说我可以帮助俱乐部赢得市联盟冠军赛，让俱乐部的口碑和身价迅速提升，这样也会使俱乐部得到一些意想不到的收入，难道不是吗？"哈维·麦凯诚恳地说。

"那好吧，只要你帮我们赢得市联盟冠军赛，我们就同意让你免费参加俱乐部。"

最后哈维·麦凯果然不负众望赢得了那场冠军赛，同时也实现了他想免费加入俱乐部的愿望。300个会员，那么也就意味着哈维·麦凯有了300个潜在的客户，而事实也证明，这些客户有很大一部分都在哈维·麦凯以后的事业中起到了关键的作用。

对于哈维·麦凯来说，父亲不但给他指明了方向，更加重要的是为他上了一堂至关重要的人脉课程，从他的经历中，难道你还看不出人脉这个财富资本到底在你的人生中占据着多大的分量吗？

秘诀四 辛勤浇灌人脉之花

好人脉秘诀：人脉是每个人与生俱来的资本，它就像鲜花一样，需要我们去辛苦浇灌，悉心照顾。因此，我们应像园丁培育花朵一样去经营和管理人脉。

关键词：经营人脉

积累人脉资本最重要的一点，就是要把这个“财富银行”开在朋友的心里。如果你想要经营和管理好这笔资本，那么一定要存入真诚的关怀、用心的付出、有效的超值服务。当然，随着资本的积累，你所拥有的资源也会越来越丰富，这就更加离不开有效的管理方式了。现在让我们来看看需要注意的一些问题：

1. 制定一个明确的目标

人与人之间的交往一般都会经历“认识——熟识——伙伴”这个过程。不难看出，在这个过程中，成为伙伴才是最终的目标。

那么这个“伙伴”代表着什么呢？伙伴不是通常所说的玩伴，而是在他接受你的同时，还会引导你进入他的人脉圈，结识更多的人，积累更多的人脉资本，这样良性的循环，也就完全凸显了“伙伴”这个惊人的附加价值了。

想要与你想结交的人认识是比较容易的事情，不过这只是第一步，认识以后，就需要主动去增加彼此互动的频率，在每次的交往中还要用心地去策划下次互动的主题，这样才能慢慢地变为熟识。熟识之后，多付出关心，并展现出自己的特色，取得对方的认同，才能最终与他成为“伙伴关系”。如果你与每个人相处的时候，都能把眼光放到最后的伙伴关系这一点上，那么你的人脉资本就会越来越丰富了。

2. 不要忽视你的人脉桥梁

当你累积了一定的人脉资本后，你的人脉网就会有越来越多的分支了。而介绍你认识他人的“伙伴”便成了一条很重要的互动“桥梁”。每当你的资本为你带来“利息”的时候，一定要记得去感谢你的“桥梁”，千万不可忽视你的这个“桥梁”，过河拆桥的事情是万万做不得的。因为当你的人脉网达到成千上万时，你根本不可能有时间去与所有的人保持一一互动，此时最关键的人物就是你的“桥梁”了，只有他们才可以让你的人脉资本利息最大化。

3. 人脉资本的管理需要网络化

当你需要承接一个工程项目时，抽屉里的名片却全是律师事务所的，难道这还不能把你急得满头大汗吗？对于人脉资源的管理，一定要如同你书柜内的书一样，分门别类地进行整理和归纳。想要做好这一点，需要你的恒心、耐心和细心。在进行分类整理的时候，要分清楚有哪些人是属于同一领域的，他们之间存在何种共性，何种区别，是否存在互补性，对所属行业的理解程度如何。将具有相同特点的资源整合到一起后，还需要想一下不同行业的资源中，会不会有相互关联的地方。对所有这一切做到心中有数的话，在以后解决问题的过程中，就不至于“临时抱佛脚”了。及时记录人脉资本的进展整理好资源以后，就需要进入记录这一步了。每一天你都可能会遇到新的面孔，每一天你的朋友都可能会更换地址、电话，每一天你的朋友都可能会发生一个有纪念意义的事情……对于这些情况，如果你只是用“思想”去记录的话，恐怕再大的容量空间也存储不下，且非常容易遗忘。你有过写日记的习惯吗？要知道，及时记录你人脉资源的进展，并不需要你有多好的文采，只要记录下姓名、地址、电话、发生的事情、你的看法就足够了。这个习惯需要数十年如一日地去坚持，若是你坚持下来了，总有一天会带给你“意外的惊喜”！

4. 莫犯急于求成的错误

不要相信他人在 3 分钟内就跟你成为称兄道弟的朋友，同样地，你对财富资本进行管理的时候，也千万别犯这样低级的错误。越是盲目地急于拉拢关系，别人越会离你更远。因为你的太积极容易被人理解成“别有用心”或是“幼稚”的表现，这样不良的第一印象一旦产生，别人自然不会给你熟识并成为伙伴的机会了。

5. 要让你的资本不断升值

礼貌、诚实、仁慈与信用是让你的财富资本不断升值的“忠实保护者”。只有这样，你才能够在人脉资本中存入更多的“人情储蓄”，也会让别人更加信赖你，而这种信赖带来的好处自然是不言而喻的。因此，若是你想让自己人脉资本中的人情不断增值，那么一定要做到以下几点：

(1)信守承诺

守信是能够使得你的财富资本持续增值的最基本保障，反之，背信就是挖空你积蓄的罪魁祸首了，并且这个代价要超出其他的任何过失。

(2)诚恳正直

待人处世万不可“当面一套，背后一套”。这个世界上没有不透风的墙，若是背后言人短，那么也就等于你亲手取空了自己的财富资本，还存在着透支的危险。只有在人后依然懂得尊重他人的人，才能够赢得别人的信任。

(3)理解他人

要想被别人理解，那么首先学会去先理解别人吧，别总是站在自己的角度上考虑问题，懂得理解别人才是一切感情沟通的基础。

(4)注意小节

一些在你眼里看起来可能无关紧要的小节，如不注重礼貌、乱丢垃圾、随地吐痰等，很可能会成为损害你人脉资源的“致命武器”，几乎没有人会喜欢与不注重小节的人成为朋友。别不以为然，快点改掉这个坏习惯吧！

秘诀五 让自己成为被需要的人

好人脉秘诀：当太阳每天从东方升起的时候，你要做的第一件事就是：对着家中那面落地镜问问自己：我如何成为被人需要的人？只有一个被人需要的人，才能拥有更广阔的人脉网络。

关键词：利用价值

在建立人脉网络的过程中，你可能是一个很讨人喜欢的人，但是若是你能够被人需要，那么就是再好不过的了。美国一所州立大学的足球教练韦德，之所以能够坐上这个很多人都翘首以盼的位置，就是因为他被芝加哥地区高中球员的家长们所需要。

芝加哥可以说是运动天才的宝库，人们对于足球的狂热经久而不衰，在这样一所人才聚集的城市里，几乎每支主要球队，都会派一名专门负责招募芝加哥地区球员的人。这些人全都拥有着广泛的人脉网络，因而竞争就变得相当残酷了。

在大多数人利用自己的人脉网络去搜寻可能成为优秀球员的天才时，韦德当然也不例外。他每年都会飞往芝加哥与那里的高中足球队教练见面不下20次，这样做，就有可能借助教练的帮助招募到他所需要的球员。但是他深知只做这些是远远不够的，必须让别人能够需要他，他才会更加顺利地得到自己想要的效果。韦德做了一件其他招募人员都没有想到的事情：

他每隔一段时间就会与芝加哥球员的家长们通电话，详细地告诉球员的父母关于球员在学业、运动及生活方面的各种表现。若是出现了什么问题，韦德也会在第一时间告诉他们。这让球员们的父母觉得很安心，同时韦德便成为了被他们所需要的人物。

韦德的做法让他从众多的招募人员中脱颖而出，而他最后的成功归根结底就在于他不仅被人所喜欢，而且还被人所需要。

每个人的身上可能都会有某些东西是被他人所需要的，那么如何将这一面展现出来，就需要掌握一些表现自己的技巧了。

1. 在小事上表现自己

人往往都有从一点一滴的小事上评价一个人的习惯，若是你不将小事放在眼里，认为自己的能力根本不屑于发挥在小事上，那么一旦别人遇到比较棘手的问题时，第一时间是绝对不会想到你的，因为你对小事的满不在乎让人望而却步。

2. 在谈话中表现自己

谈话可以体现出一个人的修养和学识，若是你的言谈举止能够做到有条不紊、幽默诙谐的话，那么一定会给他人留下良好的印象，有了这样的好印象，当他人需要某方面帮助的时候，就自然不会找那些言语莽撞、说话没有条理的人了。

3. 在关键时刻表现自己

关键就是考验，而大多数人却总会犯下在关键时刻掉链子的错误。要记住，在某些重要的场合下，你一定要比平时表现得更出色，比如面对一场激烈的学术辩论会时，知识渊博的你更要发挥出平日积累的学识和言语上的特长，那你就很容易脱颖而出，成为被他人所需要的对象了。

4. 在了解对方的情况下表现自己

想要被他人所需要，那么所做的事情就要投其所好，当你了解了对方的喜好、特长、交往、习惯的时候，就更加容易让对方接受你，你便能够成为他人眼中善解人意且富有魅力的人了。

5. 在对方看不到的情况下表现自己

或许你所做的事情对方当时是无法看到的，此时也别忘记要表现自己。

比如在工作中，尽管顶头上司没有坐在办公室里，你也要一如既往甚至比往常更卖力地工作，这种表现一定会通过其他途径让上司得知的，当你的上司需要有一个踏实肯干的副手时，那么第一个想到的就会是你了。

6. 在突发性事件上表现自己

面对某些突发性事件，很多人可能会怕冒风险，怕担责任而不愿意理会，而你若是能在这样的时刻表现出自己化险为夷的能力，就一定会受到他人的肯定，成为被需要的对象了。

第十七章

做好人脉经营者的五个秘诀

秘诀一 学会培养自信

好人脉秘诀：在拓展人脉方面，自信始终发挥着无法评估的巨大力量。学会培养自信，才能从容地面对生活中的各种磨难，为拓展人脉积蓄力量。

关键词：培养自信

拥有足够的自信绝对可以使你在人际交往的过程中成为一颗璀璨耀眼的星，这种光芒在照亮了你的同时，还能帮助你吸收到更多的能量，为你的人脉网建立更加有效的连接点，助你走向成功之路。

有一个大学生凭借着一张纸条打败了所有的竞争者而谋得了一份体面的工作，并且在短时间内为自己的人脉资本积蓄了更多的资源，这张纸条的内容只透露出一个信息，那就是——自信。

在中国经济陷入大萧条的那段时期，很多人纷纷下岗失业了，多数刚刚毕业的大学生更是为了找不到一个合适的工作而苦恼。而就在这样一个大环境下，却有一个还在大四学习的男孩打败了所有的竞争对手，在一家很有名气的大公司里谋得了一份职业。

这个男孩并没有比其他人高人一等的专业能力，也没有丰富的工作经验，那么他到底是靠什么成功的呢？原因其实就在于他很好地运用了自信这个人脉资本。

在面试的那天，男孩虽然提前了近一个多小时就赶到了那家公司，但是他发现前面排队的人已经不下30个了。他心里很清楚这个公司需要留下的只有一个名额，于是，他写了一张便条交给了让他填写资料的工作人员，并对她说："麻烦您，请问您能帮我把这个纸条交给您公司的面试经理吗？"

工作人员非常诧异，但还是爽快地答应了男孩的请求。当经理打开纸条的时候，发现上面工工整整地写有一行字：您好！请您在面试第三十五号之前不要做出任何决定，因为我就是第三十五号。出于好奇，经理果然没有在三十五号之前决定录用的人选。

当经理见到男孩的时候，只问了一个问题："能给我一个录用你的理由吗？"

男孩微微一笑，镇定地说："您知道，现在这个时期，任何地方都充满了恐惧和害怕，人心总是飘忽不定的。虽然我本身并没有比其他人更加优越的条件，但是我却有着一颗自信与坚定的心，而且仅凭着这一点，我相信在日后的工作中一定不会让您和公司感到失望，我更加相信您会给我和公司一个同样满意的答案的！"

男孩不但被录用了，而且不到3个月，他便被提拔为经理助理。他用他的自信将经理纳入了他的人脉资本，变成了一笔不小的财富。

假如不是那张便条，或许男孩只能是无功而返，更加重要的是，经理也只能成为他人生中一闪而过的过客。因此，想要不断地积累资本，那么就别忽视了自信，只有自信才是拓展人脉的前提。

一个不自信的人，别人是不会愿意与之交往的，有一个名为吴静的女孩，她的经历就是典型的例子。吴静本是个心高气傲的女孩子，高考的失败一下子让她陷入到痛苦的深渊中。她在复读与外出务工的两条路上选择了后者。一个人在外地漂泊的滋味着实不好过。因为学历不高，她始终没有能够找到一份体面的工作，这愈发使她觉得自己低人一等了。外出工作了3年，也没有存上什么积蓄，但是有些场合还是不得不硬着头皮去参加。有一次，家里的同学打来电话，邀请她去参加婚礼，无法推脱的她只好在发了工资的日子里为自己置办了一身比较像样的衣服，长途跋涉地回到了阔别已久的家乡。

“小静，现在过得不错吧，看你的这身打扮可真有大都市的感觉了。”一个老同学走到她身边寒暄地说。

这句话听在吴静的心里全然不是滋味。她微微地抿嘴一笑，并没有接着话题继续下去：

“你最近如何？在哪里上班呢？”

“我家里人通过关系将我安排到了一家银行上班，待遇一般吧，不是很顺心。”老同学的脸上露出了一丝不满足的神色。

其实在银行上班已经算是很不错的职业了。毕竟收入稳定，不用像吴静这样漂泊，吴静甚至有些后悔当初没有听家人的话选择复读。凭着父母的关系，给她在家乡找一个合适的工作并不是很难。但是现在路已经走到这一步了，后悔也是于事无补的。她现在每个月仅仅拿着勉强维持生活的工资，让她觉得身心疲惫。

在同学的婚礼上，热闹的场面让吴静不免有些喝多了，于是醉醺醺的她对满桌的同学说：“你们知道吗？我现在的工作一点都不好，这身衣服还是刚刚买的，就是为了来参加婚礼，花掉了我半个月的工资，唉，我的日子过得真狼狈啊！看看你们一个个的，虽说没有去大城市，但是比起我来，你们不知道幸福了多少倍！知足吧，你们！我现在真怀疑自己到底还能不能在那个城市待下去了。”说完趴在桌上呜呜地哭了起来。

同学们诧异极了，这还是曾经那个吴静吗？她从前是那么的自信，身边有那么多的朋友，直到现在还有人想要通过她的关系去那个大城市发展呢，原来她过得如此悲惨，现在连自己都看不上自己了，于是同学们对她只能是失望至极，以后再有人结婚也没人邀请她来参加了。

吴静的失态归根结底就在于她把最脆弱的一面呈现到了同学的面前，而这致命的一点就是她已经在生活的磨难中失去自信了。谁都不想成为一个被人看不起的人，自然不会再有人想与她过于亲密，以免被她同化了。

秘诀二　经历磨难后对自己说：我是最棒的！

好人脉秘诀：若是你在历经了种种磨难后，还能够昂首挺胸地对自己说：我是最棒的！那么你不但征服了自己，也征服了整个世界。

关键词：我是最棒的

著名的发明家爱迪生曾经说过："自信是成功的第一秘诀。"这用在与人交往上也是一样的道理。如果没有自信，那么你可能一见到生人就脸红心跳，一开口就更是语无伦次。一般来说，产生这种心理的原因可能是由于自己某些地方不如他人而引发的自卑感，如学历不高、经验不足、相貌有缺欠等。在生活中，因各种原因而产生自卑的人不在少数，特别是某些生长在农村的孩子，最容易受到影响。

王新出生在河南一个偏远的农村，因为家境贫寒的缘故，他在上中学前都没有穿过一件像样的新衣服，大多都是姐姐穿旧了留下来的，这也就自然免不了遭到其他同学的嘲笑了。久而久之，他开始抗拒与其他同学一起玩耍，总是默默地伏在书桌上拼命地学习。从那时候开始，他就希望能够通过求学之路来改变自己的命运。于是，他成了学校里的优等生，顺其自然地考到了镇上最有口碑的一所重点高中就读。

随着年龄的增长，此时的他已经不再穿姐姐剩下的衣服了，但是他的装扮依旧比较寒酸。一向沉默寡言的他愈发地不合群了，在他心里，总是有低人一等的感觉在折磨着这个孤独且还不成熟的心灵。就这样，在同学们的非议中，他辛苦地度过了本该是丰富多彩的 3 年时光。在他的时间里，除了学习就剩下学习了，当然，这种努力也给了他一定的回报——名牌大学录取通知书。

这个喜讯对于他那个本来已经很清贫的家来说，无疑又是一笔庞大的支出。虽说父母都是农民，但还是极力地支持他坐上前往北京的火车，让他完成求学的梦想。老两口相信等儿子毕业后，一定能够找到一个好工作，那时他们的生活条件就可以逐步改善了。

王新满载着父母和自己的理想，选择了一个当时最热门的专业——国际贸易。说到这里，你一定会很惊讶吧！像王新这种性格的人，怎么能够选择这样一个专业呢？

其实，当时所有人都为他捏了一把汗，如果他无法从自小就形成的自卑阴影中走出来的话，那么选择这个专业对他来说就注定是错误的了。

果不其然，拿着毕业证书的他每次面试都惨遭被淘汰的结局。他不懂得如何与别人沟通，更加不知道说些什么才能证明自己能够胜任应聘的岗位，最可怕的是，他连面试官的眼睛都不敢直视，对于一个公司而言，仅仅只凭着一张名牌大学毕业证书，是什么都代表不了的。由于接连的失败，令王新痛苦至极，积压已久的内心情感几乎令他无法正常呼吸了。他本以为求学可以改变他的生活，可是他无论如何也想不到会有现在这样的结果。

其实他失败的原因一点都不难理解，那就是他对自己压根就没有信心，总是有低人一等的感觉。试想，一个连自己都不信任自己的人，怎么能够让别人相信你有能力去做好工作呢？像王新这样的人其实大有人在。他们根本不懂得如何去与别人交往，总是自惭形秽，认为矮人三分，别人的一个玩笑可能就会被他们误解为看不起自己，而他们往往会选择逃避的方式，极力地躲避公开场合，这种做法逐渐成为了一种恶性循环，让别人更加无法对自己产生正确的认识，从而也就拉大了彼此间正常交往的距离了。

其实，无论在哪种社交场合，人们在人格上都是平等的，千万别太低估了自己。一定要抛弃自卑感，大胆率直地进入各种社交圈子，只有这样，才能在互相的交往过程中显露出自己的才华，从而也能够对自己有一个正确的评价，提高自信心。那么，如何用自信心去扫除前进道路上的阴霾呢？

你只要学会这样做就可以了：忘掉自我。你在出席一场重要的鸡尾酒会时，是否总是有这样的念头：我的衣着打扮得体吗？我这样与别人攀谈好不好？我该不该在那种情况下说一个笑话来缓和气氛？别再满脑子转着这些念头了，这只会使你越想越紧张，越紧张则越拘谨，反而更让你没办法与人正常沟通了。

不妨先把你自己忘掉，换个角度去考虑一下：对方一定就比我沉着吗？他比我高明在哪里？没准他现在也在担心同样的问题呢！其实这样做不但消除了自己的紧张感，而且还无形地让你充满自信，这样自然就可以使你变得坦然自若、镇定沉着了。

自信的人，绝对可以成为整个酒会上最吸引人们眼球的人物，你说对吗？很多实践社会心理学家指出：一次成功的社会经验，会极大地消除社交神秘感和增强对社交的自信；多次成功的社交体验，就会使人对社交形成新的条件反射，学会自然大方地与任何人交往。因此，勇敢地率先迈出交往的第一步，对于清扫掉你前进道路上的障碍来说，是十分重要的。

谁也不是天生的社交专家，只有多多实践，不断地磨炼自己，才可能让自信的阳光真正照耀在心里最黑暗的角落。

1. 发现自己的长处

你擅于钻研？那么去搞科研吧！你擅于写作？那么去做自由撰稿人吧！懂得发现自己的长处，对于你的人生选择是很有裨益的。能够得以发挥所长，自然会有出色的工作表现，从而奠定培养自信心的基础，而且你身边的人又大多是同类职业或爱好的人，那么你的人际交往自然不会再被阴影所笼罩了。

2. 懂得自我欣赏

自我欣赏是绝对有必要的，不妨将你曾经妥善完成的工作或骄人的成就一一记录下来，偶尔翻阅一下，这不但能够让你肯定自我的价值，而且更重要的是能够帮你确信自己的办事能力，你的信心也会随之大增；同时，在与他人交往的过程中，还要虚心地接受批评，因为自我欣赏并不代表着目空一切。

3. 与朋友保持联系

你几个月没有和你的朋友联系了？这可不是一件好事情。想要提高自信，朋友的鼓励和帮助是必不可少的。你一定要主动与朋友保持联系，可以与他们分享你的计划或理想，就算你开始的时候可能会对自己是否能够完成目标感到怀疑，但是对方的欣赏和鼓励绝对能够帮你树立超强的自信心，顺利达到你所预期的效果的。

4. 别拿自己当超人

“有事您说话！”看过这个小品的人可能都不陌生，为了与别人搞好关系，郭冬临不惜一切地对任何要求都大包大揽。其实这是个误区，因为每个人都不是超人。凡事只需尽力而为就够了，过分的承诺不但不能给你带来任何好处，反而在遇到困难的时候，极速地消减你的自信心，日子一久，你连自己都开始怀疑自己是否有能力了。所以别拿自己当超人，人与人之间的交往并不是靠“超人”的能力得以维持的。

5. 时常让微笑洋溢在脸上

洋溢在脸上的微笑，是战胜前进道路上的困难最有效的手段了。不可否认，能够保持心境开朗、让微笑时常洋溢在脸上的人，不管在任何场合里，都是最受欢迎的人。

秘诀三 良好的"第一印象"是送给他人最好的名片

好人脉秘诀:我们每天都可能在乘车、聚会或是旅游等活动中与陌生的人结识交往,这些人可能成为我们的人脉资本,因此,我们一定要珍惜并注意给他们留下一个良好的第一印象,这对于建立一个好人脉起着至关重要的作用。

关键词:第一印象

所谓第一印象,就是指两个素不相识的人第一次见面所形成的印象。第一印象往往总是对一个人形象的形成起到先入为主的作用,而这种表现一般都是视觉上的,如表情、姿态、身材、仪表等方面。所以,一个善于交际的人都很重视自己给别人的第一印象。

在20世纪50年代初的时候,上海市的市长陈毅就给荣毅仁留下了深刻的第一印象,这也为他日后的工作发展奠定了良好的基础。

在1950年6月的一天,荣毅仁来到位于上海外滩的中国银行大楼参加一场会议。他刚签完名准备入场的时候,身边走过一位中等身材、气宇轩昂的解放军,尽管他身上穿的布军装已经略显褪色,但是却十分整洁。荣毅仁不禁被这位军人身上所散发出来的魅力所吸引,一直到他从自己的视线里消失以后,才反应过来该进入会场了。

会议开始以后,他才发现刚刚路过身边的那个人原来就是赫赫有名的三野司令员、上海市长陈毅,也正是这次会议演说的主角。由于陈毅是四川人,口音很重,所以他尽量保持着平缓的语速,并且为了缓和会议紧张的气氛,他在说话的同时不忘将桌上的瓜子放进自己的嘴里,还会偶而插进几句笑话,这将他性格的豪爽与幽默一并展露无疑。并且由于他随和而诚恳的态度,当时便赢得了所有人的赞赏。

而令荣毅仁感触最深的就是，共产党原来根本就不是国民党所宣传的那样飞扬跋扈、不可一世。当然，这也是因为他目睹到了共产党的大官平易近人的形象啊！

陈毅留给荣毅仁的第一印象绝对起到了先入为主的作用。若是你还是怀疑第一印象的重要性，那么不妨看看下面这个实验吧。

有一位社会心理学家曾经做过这样一个实验：他将同一个人的性格特点分别告诉了两组参加测试的人。头一组人听到的特点是"聪明、刻苦、冲动、自以为是、嫉妒心强"。而另一组听到的特点刚好是以上述性格的反方向呈现的。结果先接受了肯定信息的一组，对被评价者的印象远远优于接受否定信息的第二组测试者。

如果你在社会交往中给他人树立了一个良好的第一印象，那么就会有更多的人们乐于与你交往，自然你也会倍增对自己的信心了。那么我们应该如何去做呢？

1. 注意自己的穿着

穿着是决定第一印象好坏的最直接的外在表现，如果你穿着拖鞋、挽着袖口去参加一场会议或是婚礼的话，显然这是不合适的。去什么样的场合一定要选择适合环境的着装打扮，并且千万不能忽视了服装的细节。出门前，最好先留意几个小问题：你的鞋是否擦干净了？衬衫上的扣子是否扣好了？头发是否梳理整齐了？胡须是否剃过了？其实，这些小细节如果做到位的话，那么你想给别人留下一个良好的印象就是很容易的事情了。

注意自己的穿着，最重要的就是要穿得干净、整齐、得体，至于衣服的新旧和质料，大可不必过于在意。当然，如果经济条件允许的话，准备几套高档次的服装以备出席某些重要的场合也是很有必要的。

2. 展现自己的风度

风度是一个人性格和气质的外在表现，主要是从一个人的言谈举止上体现出来的。从风度的好坏上，不仅能够看出一个人的文明程度，而且还可以部分地看出一个人心灵的美与丑。一个人的言谈举止、待人接物都应该表现出文明的、美的风度。若是一个刚与你见面的人两句话不到就翘起了二郎腿，满嘴脏话连篇，那么对于这种举止轻浮、言谈粗鄙的人，你也一定不会想继续与之交往了。同理，你一定要做个有风度的人。

一般来说，风度是一个人在长期的社会实践中所形成的良好的性格、气质的自然流露。有的人性格豪爽，气质粗犷，风度则豪放雄壮；有的人性格开朗，气质聪慧，风度则潇洒大方；有的人性格温柔，气质恬静，风度则秀丽端庄；有的人性格沉静，气质高雅，风度则温文尔雅。不过，就如同世界上没有同样的两片树叶一样，人的风度也不可能完全相同，所以不能强求一律。但是，无论是性格、气质的多样性，还是风度的多样性，都应当体现出人美的本质。所以拥有一个美好的心灵，就自然能够流露出美的风度了。

3. 放松自己的心情

与人第一次见面，特别是在一些比较重要的场合中，放松心情就显得尤为重要了。如果你想让别人可以轻松自在地与自己交往，那么你自己就必须先表现得轻松自在。不要总是神色严肃、惴惴不安或是作出一副闷闷不乐的样子。将笑容挂在嘴角，适当地来点幽默，会给人一种亲切并容易接近的感觉，自然你就能获得更多的朋友了。

不过这里有一点需要注意的是，放松心情的同时要懂得保持自我本色。若是你性格豪放粗犷，那就完全没必要装成一副“淑女”状，否则一旦稍不留神，就会搬起石头砸自己的脚了，只有懂得保持真我的人才能够时时保持最佳的状态，从而也会赢得更多人的喜爱和赞赏。

4. 善于使用眼神、目光

一个善意、诚恳的眼神和目光绝对会为你带来无穷的价值。记住，无论你是跟一个人还是 10 个人说话，眼睛都要始终望着对方。微笑地用眼神照顾到所有的人，对人是一种最基本的尊重，同时也会给人留下一个自信满满的好印象。

5. 提高自身的修养

想要打造一个良好的第一印象并且让其持续发展的话，就不得不提到修养的重要性了。或许你与对方初次见面的时候，衣着整洁、言谈得体、心情舒畅，已经给他们留下了很好的印象，但是并不代表这种印象就是永久的了。所以，你一定要不断地提升自己的修养，充实自身的各个方面，才不会让人对你做出东施效颦、装模作样的评价，才能够真正的起到增强你的自信心的效果。

秘诀四 千万不要犯过分自信的错误

好人脉秘诀：过分自信的人总是自以为是，看不到他人身上的闪光点，这样会使得自己的人脉网岌岌可危。不自我表现的人反而更容易出人头地，不自以为是的人反而更容易脱颖而出。

关键词：过分自信

在创建人脉关系时，一定要注意不要掉进"过分自信"的漩涡里，否则不但会让别人离你越来越远，而且还可能会导致非常严重的后果。三国时候的杨修就是一个典型，由于他的过于自负终于导致他成为了曹操的刀下之鬼。

杨修的确是个十分有才干的人，但是由于他为人恃才傲物，过于自负，因此曾多次触犯曹操。有一次，曹操兵出潼关的时候，顺便到兰田去看望蔡邕的女儿蔡琰，进屋的时候正巧看到屋中悬有一个碑文图轴，上面写有"黄绢幼妇，外孙杵臼"八个字。于是，曹操向众谋士询问何人能够解开这八个字中所含的隐语。大家都说无法解出，只有杨修说已经解出来了。曹操让杨修先不要说出来，他自己想再好好地考虑一下。与蔡琰辞别后，曹操上马走了3里路之后，才想到这八个字中含有的隐语是“绝妙好辞”四个字。曹操本也是个绝顶聪明的人，却用了3里路的时间才思考出来，因此大为恼火，觉得杨修的所作所为让他在众谋士的面前丢尽了面子。

又有一次，刘备亲自率兵攻打汉中，惊动了许昌，于是曹操亲自率领40万大军前来迎战。曹刘两军在汉水一带形成了对峙的局面，互有攻防，时间一久，曹操的军队就陷入了一种进退两难的境地。这天，厨师给正在军营思考对敌方案的曹操端来一碗鸡汤，曹操看见碗底下有鸡肋，有感于怀，口中念叨了起来，此时正好赶上军师入帐询问晚上守夜的号令。于是曹操随口而出：“鸡肋！鸡肋！”于是军师便把鸡肋作为号令传了出去。行军主簿杨修听后马上叫随行军士收拾行装，准备归程。将士不甚理解，便问杨修为何要这样做，杨修不以为然地说：“鸡肋是吃起来没有肉，丢掉了又觉得可惜的食物。这不正是暗示了现在的战况吗？现在进攻又无法取胜，撤退又怕留给敌人笑柄，既然这样，还不如现在就打道回府，不战而归了。”于是，营中的将士们纷纷打点行李。事情传到了曹操耳中，于是他怒斥杨修妖言惑众，便以扰乱军心之罪趁机将杨修这个眼中钉给斩了。

杨修之死，是与他的恃才傲物有着直接的联系的。一般来说，人们都会比较喜欢那些有才能的人，但是如果这样的人太过于自负的话，通常就会表现为事事以自我为中心，所做的事情让人难以接受，这样的人自然就不容易成为他人交往的对象了。所以，过于自负的人在处理人际关系的时候，应该注意以下几点：

1. 懂得变通性和灵活性

自负的人一般身上的优点和才能都比较鲜明、突出，但是缺乏变通性和灵活性，在与他人的交往过程中，不论对人还是对事，都会按照自己的想法直言不讳，自己想怎么说就怎么说，觉得是什么样就是什么样，从来不分场合地表述自己的观点，更不去考虑对方是否能够接受。尽管这能反映出自己自信、有主见、坚定等特点，但是殊不知，其实这才是让人难以接近、或是导致发生争执的最根本原因。因此，对于本身过于自负的人来说，适当地改变自己的做法，在与人交往时注意增强变通性和灵活性，多站在他人的立场上去考虑一下问题，那么也就会减少尴尬事情的发生，才更加容易巩固和扩展自己的人脉网络了。

2. 懂得尊重和了解对方

也许在面对某一问题的时候，自负的人解决问题的方法的确是正确的，但是这也不能成为恃才傲物的砝码。每个人都有着强烈的自尊心，若总是被他人毫不留情地践踏的话，自然也就会远离这种自负的人。一个人若想被人尊重，那么首先就得要懂得尊重别人，这是千古不变的道理。自负的人还有一个致命的弱点，就是不懂得去接纳他所不喜欢的人，这也就亲手为自己的人脉网络多添了一道屏障。因此，学会尊重和了解对方，是帮助自负的人走出漩涡的一个有效的手段。

3. 学会适应并影响对方

自负的人一般都是"棱角分明"的人，他们不懂得方圆处世的道理。其实，在人脉这个大网中，只有"圆滑"的人才能够游刃有余，招人喜爱。这种人往往会在与他人交往的过程中隐藏自己的棱角，适应对方，让对方感到很舒服，并且还能够给对方一定的影响力，在肯定对方的同时不失时机地提出自己的意见，这样既不会给人厌恶感，反而更容易取得他人的信任。由此可见，学会适应并影响对方，对于人脉网络的搭建是起到了一定的积极推动作用的。

秘诀五 勇敢地向“不自然”挑战

好人脉秘诀：若是你不敢与陌生人打交道，那就不妨站到人潮拥挤的火车站去引吭高歌，没有什么是锻炼不出来的，只要你肯勇敢地向自己的“不自然”挑战，那么胜利最终一定会属于你。

关键词：勇敢挑战

每个人可能都会遇到过这样的人，他们天生胆小、怯懦、害羞，对自己没有信心，觉得说多错多，所以这样的人总是不知道如何与别人交往，如何才能建立自己的人脉网络。这种天生的“不自然”不但给他们自己带来了极大的困扰，并且还会给他们的人生道路无端地增添许多屏障。由于性格上的问题，他们无法找到称心如意的工作，无法组建和谐幸福的家庭，有些人甚至还会出现自暴自弃、一蹶不振的现象。

在前面我们曾经提到过一位世界一流的人脉专家，没错，他就是哈维·麦凯，现在让我们来看看他的一个朋友的经历，希望能够带给你一点小小的启发。

弗雷德是哈维·麦凯从小学 4 年级一直到大学的同学。弗雷德是个生性孤僻的人，他十分内向并且害羞，同别人握手时，总是软绵绵的，不论与任何人说话，都总是结结巴巴、有气无力的，尤其是眼睛从来不敢直视对方。

在哈维·麦凯和弗雷德高中毕业的时候，全部的同学都在校园里到处找其他同学在毕业纪念册上签名留念。当时所有的人都在暗暗比拼，看谁得到的留言及签名最多，来证明谁的朋友最多，人脉最广，但只有弗雷德除外。因为他实在是太胆小、太害羞了。让他走向一个同学，请别人在自己的纪念册上签个名，对弗雷德来说是非常困难的事情。

随后,哈维·麦凯与弗雷德都考进了同一所大学。让哈维·麦凯感到吃惊的是,弗雷德居然主动地加入了一个兄弟会组织。这个组织使得弗雷德到大学4年级的时候,已经成为非常受欢迎的一个人物了,并且此时的他交友广泛,朋友甚多。这与高中时代的那个弗雷德简直判若两人了。哈维·麦凯问及弗雷德是如何做到这样的时候,弗雷德的回答自然也就说明了一切。原来,弗雷德不愿意向自己的这种与生俱来的害羞性格低头,他很清楚,一个人若是没有自己的朋友,没有自己的人脉网会是一件多么可怕的事情。于是他在高中的时候,虽然不敢过多地与他人接触沟通,但是也并没有浪费掉那段时间,当他一个人关在房间里听音乐的时候,对摇滚乐和爵士乐便有了更深层次的欣赏,而且他还学会了跳舞,这些都是使他能够在兄弟会和其他社交场合游刃有余的资本,自信也就慢慢地建立起来了。

大学毕业后,弗雷德和几个兄弟会的朋友共同投资开了一家汽车行,并且经营得相当成功。

人脉网的确能够改变一个人的命运,但是网的大小是由我们每个人自己掌控的。不得不承认,像弗雷德这样性格的人并不少见,并且其中有很多人根本不知道如何摆脱掉这种性格缺陷,有些人则想改变却找不到方向。那些天生内向害羞的人其实只是需要一个循序渐进的过程,那就是首先不要畏惧错误,即便这种错误是令人痛苦与害怕的,然后尝试着一步步地慢慢去改善,直到最后出现一些突破,一旦有了这样的突破,那么自信心自然就会喷涌而出、无法阻挡了。尝试着走出第一步,不妨试试下面的方法。

1. 学会“角色扮演”

柏拉图说过这样一句话,那就是,所有事物都有一个完美的形式。当然,这只是一个理想主义的形式。几乎所有的人与事都不可能达到尽善尽美的境地。但是,你要时刻按照理想境界的要求,尽可能将每件事情做到最好。所以,当你想要拓展自己的人脉网却因为性格的原因无从下手时,先问问你自己:

“一个最优秀的网络建立者在这种情况下会如何做？”然后将自己想象成那个人以后就马上着手去做，通过这样的角色扮演，久而久之，你也就会真正的变成一个成功者了。

2. 选择一个真实的榜样

角色扮演的诀窍在于，你所想象的那个人一定是要真实存在的。因为你并不是在想象一个完美的人会如何做，而是要将自己与一位真正成功的网络建立者联系在一起，这样才能够真正的去研究他身上的技巧，而不是凭空想象出来的。

3. 积极参与社交活动

社交活动包罗万千，只要有机会拓展你的人脉网，并有助于你克服性格缺陷的团体不妨都去试一下：舞蹈、合唱、骑马、绘画、戏剧、古董、读书会、品酒，没有什么是不能尝试的，关键就在于你自己是否去做了。

4. 抓住一切磨炼的机会

在现实生活中，你一定会遇到很多可以磨炼意志与胆量的机会，你如果能够抓住这样的机会，肯定能够更有效地帮助你克服性格上的弱点，弥补社交经验的不足之处。比如说，如果有一个万众瞩目的演讲机会摆在你面前的话，逃避绝对不该是你的选择，相反你要尽力地去做好充足的准备，努力地去完成，一场精彩的演讲足以让你成为他人心目中有价值的人际资源，同时你也就获得更多的自信了。

5. 不停地学习

从大学校园里毕业后，并不代表着你的学习生涯已经结束了，其实这正是你走入社会的一个新课程的起点。人生中值得你去学习的东西还有很多，只有懂得不停地给自己充电的人，才会有足够的能力去面对困难和挑战，那么想要战胜你性格上那一点点缺憾就更不在话下了。

第十八章

编织人脉网的五个秘诀

秘诀一 为积累人脉投点“资”

好人脉秘诀：良好的沟通也是一种“感情投资”，这种“感情投资”就是在交往之外多了一层相知，在人情世故上多了一份关心和相助。

关键词：感情投资

用良好的沟通能力来适时修补你的人脉网，在人脉网络的扩展过程中，你的沟通能力也会随之有大步的提升，如此良性的循环，可以使得你在任何情况下都能够随环境的改变而轻松周旋于各种场合，为自己的人脉网增加人气。

良好的沟通能力让一个原本业绩平平的车险推销员打通了一条通往成功之路的捷径，同样，也使得他将别人的人脉资源从容地纳入了自己的人脉网。

布鲁斯是一位年轻的车险推销员，他工作十分努力，每天都早出晚归，但总是达不到很好的效果。因为他出生于一个不太富裕的工薪家庭，平时身边的朋友并不多，所以找他买保险的人少得可怜。面对陌生的客户，布鲁斯不知道到底如何才能让他们接受并认可自己所卖的保险。为了改变这个现状，他报名参加了一个拓展人际关系的培训，这才发现原来自己最大的问题就是根本不知道该如何去与他人沟通。于是，他暗暗地以全公司业绩最好的波尔为榜样，并且开始有意识地去与波尔进行沟通，与他建立了很好的私人关系。布鲁斯不但从波尔的身上学到了很多与人沟通的技巧，并且还将波尔的人脉网络存储进了自己的人脉网，3个月下来，他成为了波尔最有竞争力的车险销售高手。

不论从事什么职业，都离不开最基本的一个大环境——人脉。俗语说得好：朋友多了路好走。那么如何才能让他人成为自己的朋友呢？这就离不开人与人之间的交往和沟通了。沟通所起到的作用是显而易见的：

1. 凝聚作用

沟通能够起到融洽感情、消除误会、避免冲突、促进合作的作用，有效的沟通可以使人与人之间的交往更加和谐，使团队更具有凝聚力。

2. 协调作用

沟通能够有效地协调个体与群体之间的关系，比如某广告公司要按照客户的要求来准备创意，在这个过程中若是双方不能及时沟通的话，那么可能最后的广告策划就不能达到让客户满意的效果。

3. 讯息作用

21世纪无疑是一个讯息高度膨胀的时代。良好的沟通，能够帮助人们及时掌握不同的讯息，从而为工作和生活带来方便和快捷。

4. 防错作用

在日常工作和生活中，每个人都难免会出现一些失误或意外事故，及时迅速地与他人进行沟通交流，对于减少这些情况的发生是十分有帮助的。比如，若是没有听清楚或看清楚支票上的金额，将汇给客户的支票后面多写了一个零，那么麻烦就大了，这对于公司来说，可能是几百万元甚至几千万元的损失，所以一定要进行有效的沟通，避免不必要的损失。

5. **集合作用**

一个人的力量总是有限的，那么集合多方面的想法和意见，自然就离不开沟通了。多方面的沟通，能够使人开拓思路、吸收有益资讯、修正已订的计划。

了解了沟通的作用，那么如何才能进行有效的沟通呢？

1. **注意沟通时的态度**

态度对于沟通的效果产生直接的影响。试想，如果一个人总是盛气凌人，摆着死板的面孔，那么谁也不会愿意与他接触，就更谈不上感情的交流和意见的沟通了；反之，如果是笑口常开、热情大方，别人自然愿意与之亲近，沟通也就在无拘无束的气氛里完成了。

2. **善于接受不同的意见**

生活中不难看到这样的情景：在某场会议中，要么就是全场鸦雀无声、沉默不语；要么就是歌功颂德、奉承不已。其实这两种现象都没有起到很好的沟通效果。良好的沟通，应该善于接受不同的意见，不可一意孤行，也不可只喜欢听好话，要让他人有发表支持或反对意见的机会，这样才能使沟通能够正常的进行，否则，就只能是形式主义了。

3. **扩大沟通的范围**

现如今，很多人都生活在自己习惯的一个狭小的圈子里面。由于身上背负着各种工作和生活上的压力，使得多数人感到十分疲惫。每天上班下班、吃饭睡觉便成了固定的生活模式。这类人很少与陌生人接触，沟通范围相对来说就比较窄。因此，要得到更多的讯息，就要突破固有的生活模式，尽量扩大沟通范围，如定期去参加一些社交活动就是不错的选择。

秘诀二　打造一个与众不同的自己

好人脉秘诀：使自己与众不同，全身充满新奇感，你就会在众人中始终被关注和被接受。因此，为了编织好你的人脉网，为你的人脉资本积蓄，先打造一个与众不同的自己吧！

关键词：与众不同

每个人都会有强烈的好奇心，喜欢在与众不同的人或事上面驻足观看、欣赏。在人际交往的过程中，打造一个与众不同的自己就成为吸引他人眼球的一个有效手段，才不会让你变得泯没于众人之中，而想要做到这一点其实很容易，只要多一点想象力，多一点细心，你就也能成为阿曼德这样的人。

阿曼德在一次求职的过程中，面对着强有力的竞争对手，出其不意地取得了胜利，这一切都源于他简历的与众不同之处，因为在他的简历后附有一页纸，上面写着：

“对待工作，如果付出99.9%的努力，我们会得到：

每个月1小时不干净的饮用水；

每天在奥马哈有两班不安全的飞机降落；

每小时有16000封信件遗失；

每周有22000张支票从错误的银行户口中扣除；

每月有50例失败的外科手术，12个婴儿给错父母；

每年有80万张信息错误的信用卡。

所以只有100%的努力才是合理的。”

阿曼德承认说：“是这页纸帮助我得到了目前的工作，虽然我的背景并不见得比应征这个职位的其他120人强。”

引起他人的注意，只要懂得勾起别人的好奇心就可以了。对于如此特别的简历，又有几个人会没有兴趣呢？在生活中，其实我们每个人都可以随时让自己独特一点，那么便能给人留下更深的印象。在这里，追求自我个性就显得尤为重要了。

不难看到，在大街上总会出现某些回头率颇高的人物，她们或是有着独特的气质，或是穿着与众不同的装束，甚至是一头五颜六色的头发都可能成为众人聚焦的对象。当然，这样的人也能够算是成功地塑造了自己的个性，至少她们已经成为了平凡人之中的焦点。

不过，真正的个性并不仅仅出于外在的表现，更重要的应该是学会如何塑造出真正的人格魅力，那么就需要注意以下几点了。

1. 要对自我有客观的认识

“认识自我”的确是个古老的命题，但却历久弥新，若对自我没有客观的认识，那么一切都无从谈起。人能够突破环境和外界的限制，就是基于自我意识和自知之明的双重思虑中产生的出色动力而达成的。

真正的人格魅力应该是自足且有自知之明的。

2. 培养坚毅的意志

想要塑造出人格魅力，那么保持坚毅的意志力是不可或缺的一项首要品性。一个人在面对种种压力的时候，只有能够保持坚毅的意志，才能立于不败之地。意志坚毅的人，懂得执著于目标，具有极强的抗干扰能力。意志坚毅的人，能够保持自我个性，守护着个性的每一道可能存在的缺口，才能使个性得以完整。

3. 充满想象力

如果没有想象力，那将会是很可怕的。试想一下，若是前人不充满想象力，那么今天所有的一切进步都不会存在，因此，想象力可谓是人类共通的一道风景，而真正的人格魅力最容易在这里与整个社会形成巨大的共鸣。

4. 塑造自我品牌

从某种程度上来看，你就是自己的品牌，你的选择，包括穿衣、说话风格、嗜好等，都构成自己个人独特的身份，供别人识别。如果你能建立起自己强有力的品牌，就可以吸引他人的注意力，成为你在竞争中的一种优势，并让别人记住你。

优良的个人品牌对于建立人脉网络有三个好处：

(1)能够给人可靠，并且独特、值得信赖的感觉；

(2)能够向别人传达动人的讯息，让他们喜欢你；

(3)能够使你在复杂的世界中借助独特的品牌脱颖而出，就有更多的人对你感兴趣。

建立优秀的个人品牌，你就会因此更容易交到新朋友，对所做的事和工作也能掌握更多的决定权。

5. 超越自我

在你成功地做到了以上几点以后，你需要做的最后功课就是超越自我了。超越自我是自己对自己的战斗，是巅峰对巅峰的飞跃。质和量都必须具备最强的突破力。这是个永不停息的自救行为。

当你真正具有与众不同的人格魅力后，那么你的人脉资源自然也会随之而源源不断了。

秘诀三 演好自己的每一个角色

好人脉秘诀：人生就像一场戏，你我他就像演员一样，扮演着不同的角色，而又不停地变换着角色，各个角色之间时常进行着各式各样的人际交往。只有演好自己的每一个角色，才能拥有一张广大而伸缩自如的关系网。

关键词：演好角色

我们每一个人都担任着许多角色。你是一个领导者，而对你的上级来说，你又是一个被领导者。你是一个工人，在家庭里你又可能是一个父亲、妻子或者丈夫。你是一个售货员，在另外一个场合下，你又可能是一位顾客。你是一个演员，在某种时候你又是一个观众。社会生活的角色是很多的，角色又在随时转换当中，如果你不能随时应变，改换扮演角色的位置，不但会闹出许许多多的笑话，也会给你带来许多的烦恼。你在家里是一个丈夫，到了工作单位便成了一个普通的工作人员，如果在工作岗位上也摆出丈夫的样子，结果会怎样呢？在本单位你可能是一个领导，在一定程度上可以发号施令，如果到了上级机关也摆出领导者的架子，说话时命令别人，不碰得头破血流才怪呢！

英国女王维多利亚，与丈夫阿尔约特相亲相爱，感情和谐。妻子是一国之王，忙于公务，而丈夫却不太关心政治，对社交缺乏兴趣，因而，有时也难免闹点别扭。一天，维多利亚公事完毕，深夜回到卧室，见房门已经关闭，就敲起门来。

房内的阿尔约特问："谁？"

女王回答："我是女王。"

门没有开，女王再敲，阿尔约特又问："谁？"

女王回答："维多利亚。"

门还是没有开。女王徘徊半晌，再敲。阿尔约特仍问："谁？"

女王回答："你的妻子。"这时，门开了，丈夫热情地用双手把她拉了进去。

维多利亚前两次敲门之所以没有敲开，是由于她的心态没有随环境的变化而加以适当地调整。她忽视了这是在自己的家，对自己的丈夫说话，而不是在宫廷对王公贵族说话，以致造成措辞上的失误。第一次回答时态度高傲，伤了丈夫的心。第二次缺乏热情，感情平淡，没有唤起丈夫的亲昵感，因而两次丈夫都不给开门。第三次回答，她的心态适应了具体的地点和对象，体现了妻子应有的温柔姿态，因而不仅敲开了门，也敲开了丈夫的心扉——丈夫双手把她拉了进去。在生活中，我们不管有多高的身价，在朋友面前千万别做自己生活的"女王"，否则后果就不只是被拒于门外的尴尬了。

那么，怎样才能扮演好自己的社会角色呢？有以下几点是值得注意的：

第一，清醒地意识到自己所处的地位

人在社会上，不是扮演这个角色，就是扮演那个角色，无时无刻不是一定角色的承担者。应该对自己有清醒的认识，履行自己扮演角色的职责。是一个售货员，你就要尽一个售货员的职责：对顾客要满腔热情，百拿不厌，百问不烦；是一个医生，你就要履行救死扶伤的职责：体谅患者的痛苦，在精神上给患者以安慰，尽快解除患者的病痛。千万不要做那些同自己地位、身份不相合的事情。

第二，随时注意转换自己的角色

每一个人都是多种角色的承担者，但在不同时间、不同地点、不同条件下，你虽然还是你，但在不知不觉中，角色已经变了，要依据角色的变化来变换自己的行为。有许多事情，在这种场合下去做是无可厚非的，换一个场合就显得不协调。在一个场合是美的，换一个场合就可能变为丑的。张敞画眉的故事就很能说明这个问题。

张敞是西汉时平阳人，宣帝在位时为京兆尹。他在家中常给妻子画眉，有人在皇上面前告了他。皇上问他是不是有这回事，张敞回答说，夫妻之间，闺房之内，还有比画眉更过分的事。据说，张敞这样一回答，噎得宣帝再没说第二句话。本来嘛，丈夫在房里帮妻子画画眉毛，有什么不可呢？但是，如果换一个地方，变换一个角色，给一个女人去画眉就有点不对劲儿了。

第三，要进入角色

既然能够明确自己的角色，又能及时变换自己的角色，那么，最重要的就是进入角色，把自己担当的角色尽心演好。如果你的角色是一个顾客，就应遵守商场须知；你的角色是一位老师，就要尽做老师的责任；你的角色是一位学生，就做到学生的义务；你的角色是一位父亲，就应该尽到父亲的责任……依此类推，各种具体角色都有具体要求，都有它的道德标准，我们都应自觉地遵从。

秘诀四 用心接纳身边的每一个人

好人缘秘诀：人脉网不是一天就能编织好的，每当你结识到一个新面孔，一定要用心接纳他或她，努力将他或她变为你人脉网中的一根绳。只有这样平时逐渐累积，才能在你用得到的时候给你一个满意的结果。

关键词：用心接纳

开始的时候，或许你还不知道自己作为"编织工"该从哪里下手，没关系，试着用你的心去接纳身边的每一个人吧，或许，某一天他们就会成为你电话另一端的对象了。当然在这里需要强调的一点就是，毕竟人与人之间是有着各类差异的，所以，接纳每一个人也不是要你去不分轻重地一视同仁，在你的人生中，总会有一些人是不可或缺的，这也是你不可忽视的人脉大树的营养成分。现在就让我们来挖掘一下他们在你生命中的价值。

1. 知心好友

有句话会常常被人挂在嘴边：人生得一知己足矣。如果说你的人脉网络是一栋大厦的话，那么知心好友就是你最忠实的地基了。无疑，知心好友是能够帮你撑起整个人脉网络的基础，也是你在这个世界上唯一可以倾吐烦恼的人。

2. 医生

你一定要结识几个专家级别而且有着丰富临床经验的医生，因为他们给你的意见和建议可是关乎着你的生命健康的。人在生病时候的第一选择就是会听医生的话，吃药、打针、住院等都离不开医生的建议。若是小病倒也无关紧要，但是如果一天你不得不开刀做手术呢？此时，没有一个值得信赖的医生，真不敢想象那种拿自己的生命去“赌博”的感觉是什么滋味啊！

如果你想买一套房子，你可能会找到几个做房地产的朋友，向他们去询问最近的市场行情，你还可能要亲自去所在的楼盘感受一下，交通、环境是否都合你的心意，当你决定购买的时候，你还是会最大限度地讨价还价一番，以此来结束你这次满意的交易。在这里，房地产朋友告诉你的行情可能起到了一个关键的作用。即便是这个朋友不可靠，你损失的也不过是一些金钱而已。可是，若是医生在开刀前告诉你：“所有医生都一样，都是名牌大学毕业，都有着丰富的临床经验，”那么这时候你该如何选择？要知道，没有一个好的建议，你是没有办法从表面上看出此医生与彼医生之间的差别的。而此时，若是你选错了手术的主刀人，那夺走的可就不止是金钱这般简单了。

所以，医生应成为你的“一号人脉健身教练”，为了防患于未然，最好去认识几位医生朋友，这样就不会让人觉得你是在拿自己的生命“开玩笑了”。

3. 律师

“律师？别开玩笑了，我可是个奉公守法的公民啊！”的确，很多人看到律师这两个字，都会与犯罪联想到一起。那么现在就来改改这个古老而陈旧的观念吧！每个人都或多或少地碰到有关财产、民事侵权、房地产、合同、劳动关系、公司、税务等一系列的问题，即便现在你还没有被这些事情所困扰，但是也要懂得未雨绸缪，你身边的确需要一位律师朋友。

还有一点需要注意，人无完人，几乎没有一位律师能够胜任所有类型的案子，也没有哪个律师可以精通所有的法律。这样的人脉关系是绝对不可缺少的。

4. 公务员

在你的身边是否有几个公务员朋友呢？如果没有的话，从今天开始就要尽量找机会去结识他们了。也许你会问他们能为你做什么，其实很多时候，有些会令你焦头烂额的事情，在他们的眼里却如同吃饭睡觉一般简单。公务员并不是遥不可及的，只要你多花费一些时间和心思，那么让他们成为你的人脉贵人就是件很容易的事情了。

5. 保险专家

经常关注新闻动态的人，不难看到这样的情况：爱车出现了意外的事故，维修花费的数字还着实令人心疼，拿着保险单希望得到理赔，可是跑来跑去，就是跑不出个说法来。类似的情况诸如人身意外啊，工作意外伤害啊，等等。这时候，你是否开始后悔当初没有听一个保险专家的话，执意买了自己还没有看明白的险种呢？所以，结识一位优秀的保险专家，也是你生活中不可或缺的。不要再把卖保险的人拒之门外了，其实，他们在从你身上挣到钱的同时，也为你的生活送去了更多的便利和安全，不是吗？始终保持一分为二去看问题的态度，你的保险专家朋友也会成为你人脉大树中的叶子。

6. 可以搞到紧俏门票的人

路边发小广告的人，经常会将打折机票的小卡片硬塞到你手中。现在随着人们的生活水平逐渐提高，利用假期出外旅游便成了一种生活的调剂。你想在买飞机票时拿到优惠的折扣，还是全额付款呢？要知道，出门旅游的时间一般都是机票最紧张的时候了,你想愉快地享受旅游带给你的欢乐吗?那就认识能搞到紧俏门票的朋友吧!

而且在很多时候,一张门票或许能换来一纸订单,如果你的人脉大树中有这么一个能弄到一些紧俏门票的人,工作也许都会变得异常顺利,别犹豫了,快走出家门去结识他们吧!

7. 职业介绍人

如果有一天你突然接到职业介绍人的电话,即使目前你的工作很令人满意,也千万不要立马挂断,而是要和他们耐心地聊一聊。记住,最后,要记得留下他们的联系方式,或许哪天你就会用得上了。

8. 兽医

饭后,越来越多的人喜欢带着宠物出去散步,你家是否也养着宠物呢?一只小猫、一只小狗或是一头小香猪?如果你想让你的宠物也能健康地享受生活的话,那么你就不能随便信任一位兽医,这和你自己不能随便信任一位医生是同样的道理。

秘诀五　撒大网,钓大鱼

好人脉秘诀:冲出故有的"舒适网",不但有利于与他人分享人脉网络的资源,而且对你个人的成长也有所帮助。因此,我们在广交朋友,将自己的人脉网无限制地扩大。

关键词:广交朋友

小小的人脉网会使你生活在一个无形的界线里:身处自己熟悉的环境,与熟识的人相处,做自己会做的事。在这样的小网里生活,每个人都会感到很舒适。但是,如果长期都只是生活在这样的舒适网中,就必然无法结识更多的朋友，那么就更不用说去与他人分享了。所以，别让小小的舒适网绊住手脚，放开胆量走出去，你自然能无往而不利了。

想要从这个舒适网走出去，其实办法很简单，那就是——与陌生人分享你的人脉网络，把你的人脉网变大。

知名的心理学家菲尔德之所以能够交友广阔，也正是因为他擅长与陌生人亲近的缘故。

菲尔德的口中总是挂着一句名言："最好的朋友都来自陌生人。"而他本身就是最好的实践者。

有一次，菲尔德在一次孤身旅途中，遇到了一位看起来很孤傲的男士正坐在公园的长椅上读着手中的一本某位作家新出版的著作。菲尔德也十分喜爱这位作家的写作风格，所以他觉得眼前这位男士或许能够成为他的朋友。

于是菲尔德坐到男士的身旁，微笑地说道："嘿，这位作家的名作昨天刚刚出版，我跑了几家书店都没有买到，您是在哪里得到它的？"

男士抬头看了菲尔德一眼，也礼貌地回答说："这位作家是我的朋友，出版后自然会送我一本先饱眼福了。"

"呵呵，您能够与这样一位优秀的作者成为朋友，相信您本身也一定是位文学爱好者了，我个人也十分喜爱他的著作，希望能够有机会与您探讨探讨。"

男士微微一笑："他在写作风格上与我是迥然不同的，不过，即便有些时候我们为了某些书籍的细节而争吵得面红耳赤，也不会影响我们彼此的关系，这样对于我们来说，都是一个学习和进步的机会，不是吗？"

"是的，当你们再有这样学习的机会时，能否让我也成为其中的一员呢？我的朋友也有很多就职于出版界，相信他们都会喜爱参与这样的交流机会。"

两个人越聊越投机，菲尔德不但认识了一个新朋友，并且他知道，这个朋友的人脉网络是能够与之共同分享的。

因此，菲尔德建议人们，一定要勇敢地走出“舒适圈”，拓展人脉，这对于人们而言意味着更多的机会。他建议人们可以从以下几个方面练习与陌生人结识的技巧：

1. 对于陌生的社交场合别胆怯

你或许有很多机会参加各种社交聚会，比如朋友的婚庆宴会、联谊会、团体旅游、狂欢派对等。在这样对于你来说比较陌生的场合下，千万别因为害羞而胆怯，否则因为你的不敢搭讪，反而会让你失去结交新朋友的大好机会。

你可以试想一下，若是某天你参加了一个旅游团，遇到了一位漂亮温柔的导游小姐，可是怕她会因为你的个子矮而不愿意与你聊天，那么你就自然不可能了解她的喜好、有没有男朋友、手机号码等一些你想知道的事情，你再怎么去幻想能够有一天将她搂入怀中，都只能是幻想，因为你缺乏跨出第一步的勇气，便不会有这样的机会了。

2. 学会寻找与陌生人共同的话题

一般来说，人们害怕与陌生人聊天，除了欠缺胆量之外，还有一个很重要的原因，就是不知道能与对方谈些什么。其实，寻找话题并非难事，不妨试试从下面这几个途径去发掘吧，你会发现与陌生人相识会容易得多了。

(1)人生方向。每个人都会对自己的未来充满希望和憧憬，不论对方的态度是自信还是茫然，都会愿意与别人分享自己的想法，或者从他人的口中获得一些有益的建议。与对方的谈话从人生方向入手，很容易得到他人的认可，自然你们的结识过程就不会出现无话可说的局面了。

(2)家庭。人一生下来，最先熟识的人一定是自己的父母，因此可以这样说，家庭是人际关系的基础。每个人的家庭背景，都是一本值得阅读的人生百科全书，充满酸甜苦辣的各式体验。而谈论家庭，是在任何时候都能够进行的话题，比如彼此交换养儿育女的心得，或是聊聊家族中的一些知名人物，这样能够使你与陌生人的距离拉近许多。

(3)工作。大概算来,人的一生中约有1/3的时间都是用在了工作上,所以谈论职业是一个非常好的切入点。每个人都喜欢谈自己,你若是能够得知对方的职业,那么就很容易引起对方聊天的兴趣。如果你们双方曾有着相同的工作体验,那么共鸣的效果就会得以提升。即便是职业不同,也是一个很好的学习机会。

(4)兴趣。在与陌生人搭讪的时候,不妨了解一下对方的喜好和兴趣,这样就更容易找到双方的共同点。在讨论和意见交流的过程中,不但获得了乐趣,也获得了友谊。

(5)热门话题。关注流行的事物或新闻,是大多数人的乐趣,这些热门的话题不但可以成为人们茶余饭后的谈话内容,而且同样也能够成为你与陌生人交谈的话题切入点,比如北京2008年奥运会中中国选手的得奖情况、轰动一时的甜美女主持的豪门恋情、或是某个知名人物的专访过程等,这些大家普遍关心或熟知的事情,谈起来很容易引起对方的兴趣。

3. 寻找能够肯定陌生人的机会

每个人都渴望被人肯定与重视,一旦你能够抓住这样的机会,那么他自然愿意与你分享他的生活、他的感受、甚至是他的人脉网络了。在与陌生人说话的时候,要注意随时流露出肯定的态度,比如微笑致意、轻轻点头以示支持,或是用赞许的口吻来表明你十分同意他的观点等,这种做法很容易获得他人的好感,也能够让你的人脉网更加坚固。

第十九章

储蓄人脉的五个秘诀

秘诀一　把握机遇，别让机会擦肩而过

好人脉秘诀：将拓展人脉与把握机遇紧密联系起来，才能发现并适时把握机会。你要做的是：不让机缘与你擦肩而过，不让财富与你失之交臂。

关键词：把握机遇

我们很多人所欠缺的就是与如何培养和建立人脉关系有关的种种技巧与策略，我们从小接受的教育都是推崇个人英雄主义，刻意去和别人建立关系，拉拢别人，这些都是大家眼中只会耍嘴皮子、奉迎拍马、阿谀奉承的伪善之人。

其实，大家是对这种积极培养人脉网络的人产生误解了。人与人之间的相互关心和帮助其实才是第一位的，很少有人会斤斤计较谁为谁究竟做了什么，或是为了得到回馈而去策划各种伎俩。

其实，我们应该把拓展人脉网络当成是自己帮助他人成就非凡事业和探索、学习、丰富自我的一种方式，将其变成是为自己铺就人生的道路。一旦你开始以这种角度去观察，便可以抛弃从前的那些谬论，不再认为拓展人脉网络是件伪善与我无关的事，而将它视为一种串联，一种持续分享个人知识、资源、时间、精力、朋友、伙伴与同情心的事，以便借此为他人提供价值，同时也

提升自我的利人利己行为。那么，你就会主动去寻找每一个建立人脉网络的机会，并把它们紧紧攥在手里，不肯放弃。

那些能自然营造丰沛人脉关系的人，总是能成就非凡的事业。他们从不轻易放弃到手的每一个和别人建立关系的机会，甚至在没有机会时去创造机会和别人接触。他们无时无刻不在为了拓展自己的人脉网络而努力着。

看看下面的故事，你就应该知道，机会就摆在你的面前，它们正等着你去把握呢！

冯志敏接到一所艺术学院董事会主席的电话，询问他是否有兴趣担任该学院3年一任的董事。对方知道冯志敏对艺术一无所知，他当然也知道对方非常了解自己的这个特点，冯志敏的经历就像普通的年轻商人一样，只是比其他人略微勤奋一些而已。

当冯志敏接到对方的邀请时，他是感到受宠若惊的，同时也开始犹豫不决。如果他接受这个邀请，其他的董事或同事们一定会期待他成为一名活跃的董事，而不只是印在名单上的一个名字。这个职位将使他无法逃避责任与负担。

冯志敏向对方提出了一些问题作为试探，以便了解该学院更多的背景资料。董事会主席礼貌地回答着他的问题，而且似乎有点惊讶他并没有立刻点头答应。

“我可不可以考虑几天？”冯志敏说。对方同意了，但有点不太情愿，恐怕当时他已经在重新考虑这个人选了。

当冯志敏再回电话时，他告诉对方：“您能邀请我担任你们的董事这让我感到很荣幸，但是在我上任之前，我还想再向您请教一些问题。”

“当然(对方的声音中好像透露出一点讽刺的意味)。”

“请问，你们的提名委员会中大概有多少位成员呢？”

“让我想想，大概有4位。对，包括委员会主席及其他3位委员。”

“那么，你们通常多久开一次会呢？”

“一年两次。”

“我知道你们邀请我加入董事会，并不是因为我在艺术方面有什么特长，更不是因为我的祖先积了什么德。我觉得，你们的目的就是为了得到更大的支持。”

“的确如此。”

“那么，唯一能让我为此贡献力量的地方，就是你们的提名委员会。因此，我希望能成为提名委员会的负责人。”

“我不太明白，这是为什么？”

“据我所知，你们的提名委员会控制着整个学院。我想，贵学院的许多重大人事安排，包括董事会组成人数这样的重要问题，都是由提名委员会来决定的吧。”

“嗯，我明白你的意思了，那就这样吧，我同意你来主持提名委员会的工作！”

于是，冯志敏接受了这个职位。他虽然提出了很多问题，却暂时没有更多地表达自己的想法和打算。

加入艺术学院的董事会后，冯志敏改变了他们每学期只召开一次会议的规矩，将其改为每个月召开一次。当时，不断有一些跨国公司的高级主管搬到他们所在的社区里居住，艺术学院与其他的民间及慈善团体展开了激烈的竞争，目的就是争取这些人的加入。

但就是由于每个月开一次会，当一位新的跨国公司的主管抵达该区时，他们便可以比其他竞争对手都提早一步行动，并因此成功地网罗了许多重要人士加入。

同时，冯志敏还促成了将4个人的提名委员会扩大为10个人这一议案，这也是他“人多好办事”的策略之一，让委员会成员更多元化，而且能有更多的人参与决策。

在冯志敏主持提名委员会后，该艺术学院最重要的改变就是，该学院各项活动的出席人数及捐款金额正在成倍地增加。

然后，更加令人意想不到的事情发生了，在冯志敏最初成为该艺术学院的董事时，他并不知道会发生这样的事情……然而，成为提名委员会的主席，是他为自己建立人脉网络的最好起点之一。

每当某个要加入董事会的人士出现在他们面前时，他们就都会对他进行仔细地审查。等10位委员结束讨论时，他们每个人对这位候选人的了解，已经比许多自己认识了一辈子的人还要多。他们知道他的兴趣、背景、朋友、同事、信誉、工作单位、他的收入、工作能力、嗜好及热衷的事物，他们面前摊开来的资料，甚至比FBI调查一位内阁成员还要仔细。

不要忘了，这里面每位候选人都是某个跨国公司或组织的领导人，而有关这个人的所有资料现在都已经进入了冯志敏的联络册中。当他再与他们见面时，因为事先已经知道了彼此共同的兴趣，也知道该聊些什么、不该聊些什么，以及应该从什么地方开始建立良好的人脉关系。

本来，加入艺术学院，成为他们的董事会成员，好像是进入了一个看似晦暗的官僚系统中，但事实上，冯志敏却在这里成功地建立了一个最强大的人脉网络。

从这里你没有得到什么启示吗？很多好主意或许看上去并不是那么的好，而它事实上却无疑就是一座金矿。所以在建立自己的人脉网络时就要抓住每一个机会，甚至那些看上去不可能的机会来拓展自己的网络。

加入一个可以让你有所付出、有所贡献的组织，并找出他们可以给你提供的东西：沟通管理、曝光机会、人脉资源，等等，这些全都在那儿，等着你去发现，而你不过就是要付出一点点努力，仅此而已。

当然，在建立自己的人脉网络时，你决不能被动地等着别人来找你，反而是应该主动出击去寻找每一个可以帮助自己拓展人脉网络的良机。

任何时间、任何场合都是你建立人脉网络的机会，哪怕是你在娱乐休息时也不例外，如果你还不知道怎么做，看看吕西迪的太太是怎么做的吧，可能就会给你一些启发。

吕西迪和太太在一个挤满了观众的球场上，他们正在观看一场激烈的网球比赛。当时有上万名观众在看台上专注地看着比赛，而他的太太却在忙着做其他的事——和她邻座的女士聊天。

吕西迪向他妻子投去不满的一瞥，但是没有收到一丝警告的效果，于是他又大力咳嗽了一声，不过还是没用。他自己却因为分神而错过了一个精彩的得分点，然而，更令他沮丧的是，他太太竟然没有错过这精彩的一幕。

“看到了吗？刚才那个球太漂亮了！”她兴奋地喊道，说完，就又转过去和她的新朋友继续聊天了，她们兴致勃勃地说起了他那个刚毕业学广告的女儿。

“真巧啊……”那位女士告诉他太太，自己正好在一家广告公司上班，她提供了很多有意义的情报给她，诸如哪些公司的环境好，哪些公司专门压榨员工，哪家正在找人，哪家没有什么发展机会，等等，这些正是他们女儿渴望得到的信息。

最后，令人想不到的是，他的女儿最后就是被这位女士所在的公司录用了。

不相信吗？可这种事真的有可能就发生在我们每一个人身上。

所以，很多时候你不要“专时专用”，机会就出现在每一次和人的接触中。古人不是说过嘛，“有心栽花花不开，无心插柳柳成荫”，有心人就能时刻关注这些机会，不让它们从自己的身边溜走。

聪明的人不仅能抓住机会，更能主动去创造机会。

你可以主动出击去竞选某个社团的社长，可以参加各种比赛展现自己的魅力，甚至可以通过网络去让自己出名。当今的社会，人气即是财气，只要你能把握住每个建立人脉的机会，成功离你也就不远了。

另外，还有一个重要的问题是，如果你是一个销售员，你就一定想知道你的公司是否会将你的电话本视为公司的财产吧。这个问题的答案通常来讲是这样子的：虽然有很少的一部分公司不会这样，但是大部分的公司都会认为，你的电话簿就是公司的财产。

你不要等到太迟了才发现这个答案，而是一开始就应该把电话簿复制一份放在家里，以此来保护好自己的权益。

因此，你也应该知道，一旦建立了人脉网络就决不要轻易说放弃，就像在换工作时不要把自己的电话簿全留给公司一样。你建立这个网络的意义就是为了让它永远存在的，你肯定不希望自己花费大量时间和精力建立起来的人脉网络说丢就丢了吧。如果是这样，那么对你就真的是一个毁灭性的打击了。

抓住每一个可能的机会去建立人脉网络，也不要轻易放弃自己的人脉网络。这样你的人脉资源就会越来越多，你的网络也会慢慢变大。

秘诀二 进入不同的圈子，结识各式各样的人

好人脉秘诀：人生的比赛规则是：用对的理由认识对的人。如果你能善用人际关系，不分贵贱地去结识对的人，就能赢得人缘。

关键词：结识各式各样的人

各种俱乐部、网球场、联欢会、飞机上……人生到处充斥着这些各式各样的圈子。每个圈子都有一套自成体系的游戏规则，如果你能融入这些圈子，把你仰慕的对象变成你的朋友，找到一位可以影响你一生的贵人，成功就离你不远了。

那么，如何可以打入别人的圈子呢？按下面七步做就可以了。

第一步，调整好自己的心态

你打入别人圈子的原因是这样做可以给你带来乐趣：与别人建立互惠互利的双赢关系会使你愉快；提升自己的业绩能让你高兴；赚更多的钱能令你兴奋……看吧，有这么多让你高兴的理由，为什么还不去做呢？

第二步，找到圈子里的核心人物

每个圈子里一般都有一个核心人物，他是这个圈子中的资深人士，圈子里的其他人熟悉他，并且信任他，他几乎认识这个圈子里的每个人。他对你的作用之大甚至超出你的想象。

第三步，接近核心人物

接近核心人物并不是那么容易的，他们往往被层层包围，你的面前有他们的“守门人”或者其他阻碍，你必须能够破除这些阻碍，想方设法打通渠道与他们接触。

第四步，和核心人物会面

和核心人物会面时，你应该把谈话的焦点集中在他或者他的业务上。因为这些人大多事业有成，往往以自我为中心的倾向严重，他们会更愿意谈论自己和自己的事业。所以在与他们会面时，投其所好是要牢记的，尽量给他们留下一个深刻的印象。让对方产生“认识你、喜欢你、信任你”的感觉。

下面是几个在你们会谈时很有启发性的问题，针对不同的对象，你可以选择最恰当的问题发问，促使对方开口畅谈。

问题1：你是怎样开始创业的？

问题2：你工作中最大的乐趣是什么？

问题3：你和你的公司能够在众多竞争者中脱颖而出，有什么秘诀吗？

问题4：请你给准备涉足商海的人提些建议，好吗？

问题5：如果你相信你的事业永远一帆风顺的话，你想为它做些什么？

问题 6:这些年来,你的职业生涯中发生了哪些显著的变化?

问题 7:你认为你从事的事业前景如何?

问题 8:讲一讲你工作中遇到的最奇怪或者最有趣的事情好吗?

问题 9:你有什么提升业绩的诀窍吗?

问题 10:你希望人们怎样评价你的工作信条?

当你和对方建立了信任后,如果你能对他说:“我看我可以在做业务的同时,顺便向我的客户推荐一下你的产品/公司……”大多数人在与人交往时往往只想到对方能够为自己做些什么,而你却能想到帮他什么忙,这是多么与众不同啊,他一定会对你刮目相看,成为你的客户也说不定。而事实上,向别人招揽生意的最好方法就是你为对方介绍生意和客户。

第五步,与这些核心人物除此会谈后,你应该适时给他发一封感谢信

不妨制作一些独特的卡片,印上你公司的名称和标志,你的照片、姓名、地址(E-mail)和电话号码。这样就有助于对方回想起你的音容笑貌,加深对你的印象。

第六步,尽你所能去帮助对方

展开自己的人脉网,寻找能帮助这些核心人物的机会,一旦你满足了他们的需求,他自然会十分感激你,把你当成自己圈子里的一员。另外,你还可以把与他有关的文章或相关的信息收集起来,并留意为他介绍生意。

第七步,教他帮你进入他的圈子

经过上述步骤,你已经成功地和这个核心人物建立起了亲密的关系。他喜欢你并且信任你,他们同样也希望你成功,帮你拓展业务,但问题是很多时候,他们往往不知道该如何才能帮你。

这时,你决不能说:“你认不认识什么人能够从我的服务中受益?”这类的语言,因为你给他划的范围太大了,他们往往会无从选择。你应该做的是帮他从他的圈子中分离出有限的几个人,比如:他的球友、牌友等。利用这种方法,你就能成功打入你想要进入的圈子，不过这些都是需要你下工夫才能办到的，需要投入你大量的心血，你不仅要努力为自己着想，同时还要努力为他着想。

秘诀三 与自己的“敌人”做朋友

好人脉秘诀：人与人之间的交往，不可能是一帆风顺的，难免会有些磕碰、吵闹甚至激烈对抗的时候。此时，与其用愤怒的方式“以暴制暴”，倒不如与你的敌人做朋友。

关键词：与敌为友

大多数的人在面对自己的“敌人”时，都会有灭之而后快的冲动。即使在环境不允许或是没有能力消灭对方的情况下，至少也会保持一种仇视的态度，说一些让对方不舒服的嘲讽话，或是背地里暗暗地要一些破坏性的小手段。其实冷静下来的时候，你是否曾经问过自己这样的问题：在攻击敌人的时候，我得到了什么？

俗话说得好：多个朋友多条路，多个敌人多堵墙。能当众拥抱“敌人”的人，他的成就往往比不能爱“敌人”的人更大。若是能够将敌人储存进自己的人脉力量中，那么你自然就能感受到他们会带给你许多的回报了。在一个美国人的身上，就发生过这样一件事情，足以证明与敌人握手做朋友是件多么让人庆幸的事。

丹尼尔是一名出色的自由撰稿人，他的作品在美国颇具影响力，因此，多家出版社都与他有着长期的合作关系，他自然不必像绝大多数人一样每天为了生计而奔波忙碌着。但是当第二次世界大战爆发后，整个国家都处于慌乱紧张的氛围中，再不会有人还能在闲暇的时候边喝咖啡边欣赏丹尼尔的作品。他必须要找到一份新工作来维持自己的开销。

丹尼尔没有什么特别擅长的技术能力，唯一的优势便是他能说好几国语言并能写好几国的文字，所以他希望能够在一家主营进出口贸易的公司里，谋得一份秘书的职务。他发出了很多求职信，但不是石沉大海，便是得到类似于这样的回复：因为正在打仗，公司不需要用这一类人，不过他们可以把丹尼尔的名字存在档案里。

丹尼尔翻看着这一封封的回信，感觉自己快要被逼疯了，难道没有一家公司愿意雇用我吗？他随手又打开了一封，这封信的内容简直令他暴跳如雷。信上说："你在文学创作上的确有着很深的影响力，我也曾经拜读过你的大作。但是，你现在希望到我的公司里来担任秘书的想法实在是愚蠢至极，我根本不需要任何替我写信的秘书。还有，即使我需要，也不会雇用你，因为你的日语和法语简历中全是文法上的错误，这可真让人扫兴！"

丹尼尔拿起笔，想要写封回信痛斥这个无理的人。他一口气写下了所有的愤怒之情，但接着他停下来对自己说："我怎么知道这个人说得是不是正确的？我的日语和法语的确有一些基础，但这不代表我就不可能会犯错误，如果真是这样的话，那么一定要努力去学习和改正才对。这个人也许帮了我一个大忙，虽然他本意或许只是想要奚落我。我为什么不用感激的语气来接受他对我的讽刺呢？针锋相对并不能使我获得一份工作，为什么要给自己树立一个敌人呢？"

于是丹尼尔撕掉了他刚刚已经写好的信，拿起笔重新写了一封："您说并不需要一个替您写信的秘书，因此，我十分感谢您能不嫌麻烦地给我寄来了回信，对于占用了您宝贵的时间我深感抱歉。对于我的简历中文法上的错误，我十分惭愧，也很难过。我现在打算更努力地去学习日语和法语，以改正我的错误，谢谢您帮助我走上改进之路。"

没过几天，丹尼尔又收到了那个人的回信，信上客气地请丹尼尔来他的公司坐坐。丹尼尔去了，并且他得到了一份工作，不用再为自己的生计担心了。

若是丹尼尔寄出他在气愤时写的第一封信，那么他一定不可能有上班的机会。因此，只有懂得去与敌人握手拥抱的人才是真正的人脉高手，难道不是吗？

当你在愤慨地面对敌人的时候，不妨这样劝自己：他们是自私的、想占我便宜的人，我不去理会他们，更不会想去报复。我知道，一旦我有了报复的想法，那么我伤害到自己的，要比伤到敌人的更多，所以，我更加愿意伸出手来接纳我的敌人，让他们成为我的朋友。

与你的敌人做朋友，听起来绝对是个不错的建议，但是真正做起来就绝非易事了。因此，那些能够当众去拥抱自己“敌人”的人，往往才能拥有较大的成就。在这里，你需要特别留意几种人：

1. 与你争吵的人

当你与他人产生争论，甚至发怒的时候，你们就会陷入一种形同吵架的状态。随便向人发脾气显然是不对的，此时你一定要抱着“退一步海阔天空”的心态去面对任何突发的状况，那么自然便能够“守得云开见月明”了。

有一些争论的对象可能是某些重要人物，在对待某件事情上的观点，你们或许存在不一样的见解，这时不妨抱着敢于怀疑一切、敢于挑战一切的心境大胆说出自己的想法，没准反倒能让对方对你产生好感。因为通常在这种情况下，你和对方虽然处于争吵的状态，但这是基于共同拥有某项沟通基础而来的，所以，不要害怕争吵，只不过要尽量将它控制在自己的掌握之中，将敌人转化为朋友。

2. 难缠的人

难缠的人会对任何事情都看不顺眼，甚至可能因为某天你没有同他打招呼就认为你不拿他当回事，这样的人大有人在。虽然你们开始的时候不是敌人，你也在小心翼翼地维系着你们之间不冷不热的关系，但是只要你稍微有一点小事没有做好，就会成为让人抓住的一条“小辫子”，从而将你列入到他的敌人之列。

对待这样的“敌人”，不妨大胆地与他进行沟通，把心中的想法全部说出来，别怕因此而得罪了他，“袒露心扉”的方法绝对要比“小心谨慎”见效得多。

3.“笑面人”

“笑面人”都有一个共同的表现，那就是看起来与任何人都是朋友，对谁都没有意见。你要提防这样的人暗地里往你的肋骨上“插一刀”，他们可是比较危险的人物，因为这样的人多数都会用“软刀子杀人”的手段来进行打击报复。

虽然这样的人看起来与谁都是朋友，但是在他们的心中，真正值得自己信赖的人却是寥寥无几的，那么你一定要尽力走进他的内心世界，成为他的朋友，这也会给你的人脉力量带来颇为有效的新活力。

让你的敌人成为你的朋友，让别扭的人不再别扭，如果你能做到这些，那么这世界上已经没有什么是你不可逾越的障碍了。

宽恕是人类最大的美德之一。但像《圣经》上说的那样“去爱你的‘敌人’”却不是所有人都能办到的。有仇不报，宽恕敌人，也只有那些成熟、有智慧的人才可以做得到。因为他们懂得什么东西对自己更有意义、更有价值，“报仇”虽然有消心头之恨的作用，但却可能使自己迷失，也使人脉网络崩溃。

秘诀四 走进他人的内心世界

好人脉秘诀：要想与他人很好地相处，就要走进他人的内心世界，了解对方的喜好，了解对方的思想……走进他人内心的捷径只有一条，那就是与他多说话。

关键词：了解他人

要想与他人很好地相处，就要走进他人的内心世界，做他们肚子里的“蛔虫”，了解对方的喜好，了解对方的思想……不过，做别人肚里的“蛔虫”并不是一件很容易的事，要知道人的内心世界是很难让人走进的，走进他人内心的捷径只有一条，那就是与他多说话，也就是与他多沟通。

与人沟通，尤其是与陌生人打交道，初次交往，彼此都会存有一定的戒心，这便形成了双方沟通的一个最大的障碍。那么，如何能够打破这种障碍，就成了交往能否顺利进行下去的一个决定性因素了。一般来说，初次见面的寒暄可以算作是交往的一种基本礼貌。那么你就不妨试试在寒暄中有意无意地插入一些能够吸引对方的话题，走进他人的内心世界，障碍也就在无形中消除了。

想做到这点其实不难，学学琪琪的做法，你也就会很容易走进别人的内心世界了。

在一个凛冽的、寒风肆虐的傍晚，琪琪一个人走在回家的路上。路边的灯光有些昏暗，这使得她心里产生了一丝恐惧感。当她走到一个十字路口时，看到了一个与她穿着同样校服的男孩子。于是她希望自己能够与他结伴而行，便快走几步来到了男孩子的面前。

琪琪：“呵呵，今天的天气好冷啊，你也是二中的吗？”

男孩子看了看琪琪:“嗯,你是?”

琪琪:“我是高二 A 班的,这么晚了,路上有些暗,我能同你结伴一起走吗?”

男孩子:“不好意思,我还有点事情,恐怕……”

琪琪:“没关系,哦,对了,你知道过几天咱们校级运动会的事情吗?听说篮球赛的争夺很激烈呢!”

一丝骄傲的眼神闪过了男孩的眼睛:“怎么会不知道呢?我是我们班的篮球队队长,这次最有希望夺冠的除了高三 C 班以外,就属我们班了。”

琪琪:“那你们平时的训练一定很辛苦吧?”

男孩子:“是的,为了这次大赛,我下了不少工夫,现在正要去一个同学家里跟他讲一些打球的技巧。对了,你往哪个方向走?我看看我们是否顺路。”

琪琪指了指前行的方向,两个人会心地微笑了一下,便同路而行了。

如果琪琪没有提起篮球的事情,那么即使男孩子与他顺路,恐怕也不会那么容易就接受她想与他同行的请求。其实,与陌生人的沟通重要的就是要打破对方的戒心。可以这样说,琪琪在那晚不但有了一个同行的伙伴,而且还拥有了一个在赛场上为之摇旗呐喊的好朋友,因此,在沟通的过程中,设法走进他人的内心世界是能够为你的人脉力量注入新生力量的一个行之有效的办法。

有一点需要注意的是,当你引出了对方话头的时候,最好不要去打断它,否则会伤害到他人的自尊。此时你需要做的仅仅是保持沉默,耐心地听对方讲下去。当然,有爱说的人自然就有不善言词的人,对于这样的人,你就最好能从对方容易回答的事实或经验一类的话题开始与之沟通了。

或许你会说这样的道理我也懂,但就是不知道怎么入手啊,没关系,只要你肯留心,那么就没有什么是不可能的,仔细想一下,在你的周围是不是也有如同小亮一样的人,如果有的话,那么你就幸运了,在他们身上,你一定能够学到很多顺利地走入他人内心世界的方法。

有一天小亮在等公交车的时候，注意到一位戴着眼镜的中年男子正在看《弗洛伊德精神分析论》，小亮对于哲学非常感兴趣，但是他想，对于这些不爱说话的学者，如果我走过去直接问他对于这本书的看法，他一定不会理睬我或可能敷衍几句，那么想与他继续交往下去就不太容易了。于是他慢慢地走到那位学者的身边，开口说道："您好！请问您一下，我想去西单应该坐几路车？"那男子指了指站牌："这里好像只有一趟车可以到，你自己去看一下，上面应该写着的。"小亮微微一笑："谢谢您了，您这是准备去哪啊？"男子合上书："我正准备去参加一个会议。"小亮继续问道："是有关于哲学方面的吗？"男子点了点头："你怎么知道的？"小亮指了指他手上的书："恕我冒昧，我是一个哲学爱好者，看到您手上的书使我十分希望能够与您结识。"男子笑了笑："那么你对这本书是如何看待的呢？""是这样的……"两个人聊得很投机，临别的时候互相留下了联系方式，以便于日后的交往。

有些时候，你需要了解的可能是一些比较抽象的东西，这就可能使得你不知如何下手去与他人沟通。在这种情况下，不妨先找一些与你的想法没有直接关系的问题谈起。尤其是对于一些不善言词或不喜言词的人，这种逐步诱导的方式是非常有必要的。在这里，你只需要记住一个原则，那就是：你需要了解的问题越抽象，你提出的问题就要越具体。

在沟通的过程中，想要走进他人的内心世界，也需要一些小技巧：

1. 模仿对方的音调和语速

与人交谈的时候，模仿对方的音调和语速有利于建立亲和力，更加容易被他人所接受。对不同的人需要采用不同的方式，如对方说话速度快，那么你就跟他一样快，对方说话声调高，你得跟他一样高，这样对方才容易听得真切。若是你飞快地跟一个慢性子的人讲一件事情，但是对方根本都没听清楚，那么你说的再多、再好恐怕都是没有用的。

2. 模仿对方的肢体动作

模仿对方的肢体动作、脸部表情、或是呼吸的方式，都是容易与他人建立亲切感的有效方式。比如当你在与他人进行沟通时，模仿他的站姿或坐姿，随着他的呼吸节奏一同呼吸，就更加容易博得对方的好感。有些人可能还会惯于用某些手势，如喜欢在说话的时候耸肩，那么你也随着耸耸肩。这样，他们会自动地将注意力集中在你的身上，并且会产生和你一见如故的感觉，但是，一定要注意不能去模仿他人的缺陷，否则一定会适得其反。

3. 适时地引导对方

随着你对他人的模仿进入了他人的内心世界并建立亲和力后，你便可以适时地改变自己的语气和动作，从而引导对方的行为，当你可以引导对方的时候，你便具备了潜意识的说服能力，这时在沟通的过程中，对方就会比较容易认可和接受你的想法或意见了。

秘诀五 该糊涂时就糊涂一点

好人脉秘诀：与人交往时，不应太计较个人得失，没有原则性的问题，凡事都是可以商量、可以谅解的。

关键词：难得糊涂

理解“难得糊涂”这句话，难就难在“难得”这两个字上。有的解为“难能可贵”，有的解为“偶尔”，有的解为“不易”，各执一端，各抒己见。笔者觉得，如果不怕违背郑板桥的原意，“难得糊涂”表现在为人处世上，大约有三种情形：

第一种：大事清楚，小事糊涂

一个人大事小事都不糊涂，当然是最好。但人的精力、能力是有限的，活在世上的时间也是有限的，企图事无大小巨细，对什么都清楚，那什么也不会真正清楚了。

我国宋朝有个吕端，宋太宗要提拔他当丞相，不少人反对，说吕端这个人糊里糊涂(外号"端糊涂")，恐怕难担大任。宋太宗说："吕端小事糊涂，大事不糊涂。"还是让他当了丞相。公元997年，太宗去世，李皇后与内侍王继恩等密谋废太子，吕端知道事情的变故，立即把王继恩捉拿起来，辅佐宋真宗即位，挫败杨皇后等人阴谋，可见吕端"大事不糊涂"。后来，这个"吕端大事不糊涂"就成了有名的典故，"大事清楚，小事糊涂"也就成了人们处世的一条准则。这种"难得糊涂"的确是一种美德。

第二种：心里清楚，且作糊涂

画家画龙，往往添几朵云彩，因为没有云就无法刻画出活龙活现的气势。人也跟龙一样，平时要躲在自己的云层里，隐蔽行迹，偶尔从云间隐隐约约地露一露他的鳞鳃和爪子也就够了。在有些情况下，即使你心里清楚是怎么回事，也要不动声色，装作糊涂，待机而行。

春秋战国时代，郑庄公接替王位后，他的母亲姜氏时时都在算计着如何废庄公而另立她宠爱的儿子共叔段为王。作为庄公弟弟的共叔段也不顾兄弟之情，和他的母亲一起紧锣密鼓地准备篡位。姜氏先施以生母之威，逼庄公将京城封给叔段，然后由共叔段招兵买马，准备里应外合夺取国家政权。

对此，庄公心里一清二楚，但他考虑到一个是自己的母亲，一个是自己的弟弟，而且叛逆尚未充分暴露，过早动手反而惹外人议论，说自己不义不孝。所以，他还是采取假痴假癫、大智若愚的办法，沉着冷静地等待时机。当郑国大臣禀报共叔段在京城招兵买马，加紧训练部队，他不仅不管，反而说共叔段为郑国操练兵马劳苦功高；地方上的官员告共叔段率兵占领临近京城的两个小城的不义之举，他不仅不加干涉，反而为他辩护；大将公子吕直言相劝"国不堪二君，民不爱二主"、"共叔段势力越来越大，恐异日容不得主公"，庄公听后，脸色大变，一气之下，把公子吕赶出门外。就这样真的把姜氏和共叔段母子俩蒙住了，他们更加放心地密谋策划，胡作非为，他们的险恶用心更进一步为天下人所了解。

然后，庄公和大将公子吕私下商定：庄公假装出访周王室，引诱共叔段和姜氏首先发兵叛乱，然后再后发制人。果然庄公离开郑城没多久，姜氏便派人给共叔段送密信，而庄公并没有到周国去，却在要道埋下伏兵，截得了这封信，并让亲信装作姜氏信差送给共叔段。共叔段所写行动日期及联络暗号等有关事情的回信又被庄公所获。最后庄公终于将计就计，与公子吕密切配合，趁共叔段离开封地京城，先占领了京城，造成共叔段后院起火，然后两面夹攻，犹如离山之虎的共叔段，全军覆没，拔剑自杀，而姜氏则束手就擒。

此等"难得糊涂"是一种计谋。

第三种：志在清楚，不甘糊涂

如何理解郑板桥的"难得糊涂"呢？郑板桥在一张拓片上有个注解："聪明难，糊涂难，由聪明转糊涂更难。放一着，退一步，当下心安，非图后来福报也。"据此看来，郑板桥的"难得糊涂"中的"难得"二字，既无"难能可贵"之意，也不好作"偶尔"来理解，他的意思大概接近于"不易"，就是说，想要做浑浑噩噩的糊涂人，却又难于做到。

郑板桥是个仕途上不得意而又颇有些正义感的人。他在山东潍县当七品官时，有一首题画诗："衙斋卧听萧萧竹，疑是民间疾苦声，些小吾曹州县吏，一枝一叶总关情。"他的确想做些有益于地方的事情，但由于情势又往往无能为力，于是内心矛盾，"进又无能退又难，宦途局踏不堪看。"所以这"难得糊涂"，既反映了封建社会里一个正直的士大夫的彷徨与苦闷，又表现了他"咬定青山不放松"的积极进取精神。